CORPORATE ENTREPRENEURSHIP

How to Create a Thriving Entrepreneurial Spirit
Throughout Your Company

公司内部创业

罗伯特·希斯里奇 | **克劳丁·卡尼**◎著
（Robert D. Hisrich） （Claudine Kearney）

董正英◎译

中国人民大学出版社
·北 京·

无论是在国内还是在全球范围实施创业活动，都需要承担诸多风险，并投入相当的精力，来克服一系列障碍。在公司内部进行创业，也需要承担类似程度的风险并投入相当的精力。公司内部创业也称作内部创业，或公司风险投资活动，涉及克服成熟组织中的惰性、刚性、规章制度，以及官僚作风，去创造新的东西、新的做事方式、新的系统，有时是新的产品或者服务。这在当今全球化和高度竞争的环境中越来越重要。

创业通常被视作个人行为，然而公司内部和社会创业也在不同的领域得到快速发展，比如非营利组织、营利性组织和公共部门的创业活动。创业是一个广泛使用的概念，能够运用到中小企业、大型企业以及跨国企业中，同样也适用于社会服务性质的公司、企业、团体和政府。创业不限于特定的群体，任何具备了正确的导向、动力以及动机的人，都能够发展出创业视角和观念。这种观念和视角能够识别需求，并把具有创新性和创造性的创意变成现实。

在国家、组织和市场中，创业者挑战现有的假设，并且以更具创新性和创造性的方式，来更好地创造价值。创业者通过识别机会，并满足市场需求改变业务运作模式。为了保持竞争力，组织需要不断自我革新，采取诸如支持创新想法、为创新提供必要的资源或专门知识，以及在组织系统中将创新活动制度化等形式来推动创业活动。

本书全面覆盖公司内部创业相关议题，分为三个部分，共 12 章。第一部分管理公司内部创业，包含 4 章：创业与公司内部创业（第 1 章）；公司内部创业行为（第 2 章）；理解和管理创业过程（第 3 章）；识别、评估和选择机会（第 4 章）。

第二部分组织公司内部创业，也包含 4 章：定位内部创业（第 5 章）；组织创业（第 6 章）；控制创业（第 7 章）；创业过程中的政治（第 8 章）。

第三部分实施公司内部创业，同样包含 4 章：制定商业计划书（第 9 章）；挑选、评估和补偿公司内部创业者（第 10 章）；新创企业融资（第 11 章）；在你的组织中实施内部创业（第 12 章）。

罗伯特·希斯里奇

克劳丁·卡尼

第一部分　管理公司内部创业

01
创业和公司内部创业

目录
CORPORATE
ENTREPRENEURSHIP

02
公司内部创业行为

03
理解和管理创业过程

04

识别、评估和选择机会

第二部分　组织公司内部创业

05

定位内部创业

08

内部创业中的政治

第三部分　实施公司内部创业

09

制定商业计划书

12
在你的组织中实施内部创业

第一部分
管理公司内部创业

CORPORATE
ENTREPRENEURSHIP
How to Create a Thriving Entrepreneurial Spirit Throughout Your Company

01

创业和公司内部创业

创业和公司内部创业已经成为当前的一个热点话题，有效的内部创业已经帮助众多公司获得了持续发展。那么，什么是公司内部创业呢？要准确把握这个概念，需要我们先思考和理解以下几个问题：个人创业、公司内部创业与社会创业之间的相似与不同体现在哪里？创业者和管理者的区别是什么？个人创业、公司内部创业和社会创业的背景、过程有什么不同？不同的创业背景对创业过程的影响程度如何？

情境案例 ——————————————————————————

乐泰公司

1876 年 9 月 26 日，费里茨·汉高和他的父母在德国亚琛共同创立了汉高公司。在汉高家族及公司所有员工的共同努力下，汉高逐渐发展成为一家全球性企业，现在其总部设在德国的杜塞尔多夫。今天汉高已是《财富》500强企业，在全球拥有48 000名员工。如今汉高在民用和工业领域占据全球领先地位，旗下包括宝莹、施华蔻和乐泰等品牌。

乐泰现在是汉高旗下的注册商标，也是其最大的全球品牌之一。自成立之日起，乐泰公司一直致力于为客户提供先进的黏合剂和密封剂，同时不断追求创新，如今已拥有5 000多项发明专利。乐泰为业内提供最为广泛的优质丙烯酸、厌氧剂、氰基丙烯酸酯、环氧树脂、气溶胶、硅氧烷和聚氨酯。尽管乐泰的早期成功源于民用产品，尤其是"超级胶水"，但今天对其销售业绩贡献最大的是工业应用，涉及从电子产品到化妆品等广阔的领域。

乐泰公司原名为美国密封胶有限公司，由弗农·克里布尔于1953年创建，弗农·克里布尔是美国三一学院的一位德裔化学教授。这位化学教授发明了一种革命性的厌氧黏合剂，为在无氧环境下容易硬化的黏合树脂开发了一种固化抑制系统。1956年7月26日，乐泰公司在位于纽约市的大学俱乐部举办的新闻发布会上首次公开亮相。克里布尔教授1964年去世之后，他的儿子罗伯特继承了乐泰公司。同年，乐泰公司推出了"超级胶水"，后来又陆续推出了硅胶、环氧树脂、丙烯酸树脂和新乐泰厌氧胶等。截至1965年，乐泰的销售额已达到280万美元，净收入为26万美元。

在20世纪70年代中期，美国的汽车制造商致力于生产体积更小、重量更轻的汽车，乐泰公司研发的新产品能够帮助他们消除体积更小、转速更高的发动机引起的剧烈振动。基于乐泰产品的技术能力，罗伯特想继续扩大其产品范围。20世纪80年代初，乐泰又相继研发了其他产品，其中包括新一代的微厌氧黏合剂。

在爱尔兰和康涅狄格州的实验室研发的"超级胶水"是乐泰所有产品中最为成功的。此外，乐泰还陆续研发生产了新型丙烯酸、硅酮和聚氨酯，还通过几个重要的公司收购扩大了其工业产品范围。在这些收购中，Permatex 是乐泰在 1972 年收购的，这是一个与汽车相关的产品线，Permatex 的垫圈敷料在汽车修理领域占据领先地位。另外，乐泰又于 1974 年收购了 Woodhill Chemical Sales 公司，Woodhill 的黏合剂产品帮助乐泰公司在汽车和家居维修领域开辟了新的市场。1974 年，上述两家公司合并进乐泰的汽车消费部门。在接下来的 20 世纪 80 年代，乐泰推出了一系列微厌氧黏合剂。

乐泰的能够用于伤口闭合的超级胶水可以追溯到 1970 年，这个想法最初来自于消费者对该产品的负面看法。虽然超级胶水被认为是一种很好的快速凝固胶，但在使用过程中它会造成皮肤黏合在一起，这引起消费者的不满。这一负面看法引起了乐泰公司的关注，乐泰产生了利用这种特性，研发一种伤口闭合胶，代替手术中缝线的想法。伤口缝线在医疗领域已经使用了 2 000 多年。然而，由于乐泰在医疗产品方面没有经验，也没有这个市场的相关知识，最终该项目失败了。但到了 1988 年，利兹/布拉德福德大学的艾伦·罗伯茨教授与乐泰公司开展了"伤口闭合的超级胶水"项目的合作，一种可以消毒和黏合皮肤的新产品被成功研发出来。艾伦·罗伯茨教授和他的医疗团队对于该研发成果非常满意，2002 年新产品获得美国食品药品监督管理局（FDA）批准。

乐泰产品线的快速发展以及大规模的企业收购，推动了该公司进一步拓展国际市场。有趣的是被乐泰收购的大多数公司都是由乐泰公司的代理商创建的，乐泰在 1970 年与国际密封胶有限公司合并，并陆续收购了若干海外分销商。罗伯特·克里布尔在 1980 年退休之前通过一系列的收购、重组、公开发行股票、合并和国际扩张等手段，继续推动乐泰版图的拓展。当时，国际密封胶有限公司的销售额为 500 万美元，而乐泰的销售额达 1 800 万美元。乐泰 CEO 肯尼斯·巴特沃兹指出，国际密封胶有限公司与乐泰的合并，使乐泰成为了一个真正意义上的跨国公司，是乐泰发展历程中的重要篇章。

1985 年，汉高公司收购了乐泰公司 25% 的股权。1988 年，产品的多元化使乐泰的销售额达到了 4 亿美元，但其中只有 25% 的收入来自其最初的厌氧产品线。1991 年，乐泰在美国《财富》大型工业公司 500 强榜单上位列第 477 名，员工总数为 3 500 人。公司在 10 年之间的年盈利增长率为 22.4%，位列《财富》500 强中的第 18 名。

自 1996 年以来，汉高公司的黏合剂和密封剂产品在欧洲占据重要地位。乐泰公司是自制和家用黏合剂的主要供应商，也是全球工程胶黏剂的领先专家。1997 年德国汉高公司收购了乐泰公司的全部股份。收购乐泰之后，汉高成为胶黏剂领域无可争议的全球市场领先者，并改善了其在美国和全球的销售结构。全部收购后，乐泰成为汉高旗下的主要品牌，并且是民用黏合剂、环氧树脂、喷胶、建筑胶黏剂和家用维修密封剂及填料的主要供应商。近年来随着人们愈来愈关注环境问题，该公司更加重视绿色和可持续发展技术的创新。

2002 年 8 月，FDA 批准了汉高乐泰在美国市场推出组织黏合剂——Indermil，目前这种用于伤口闭合的黏合剂已经在全世界获得许可。2002 年 9 月,汉高在日本横滨县以 2 300 万欧元开设了汉高乐泰亚太区科技中心。2003 年,汉高乐泰又推出了新型棒式螺纹、PST 管道密封剂和螺纹防卡剂。

乐泰自成立之日起便是一家立足于全球创业的公司,在刚刚创立 3 年的 1956 年便开辟了欧洲市场。自创立以来,基于研发解决"不可解决问题"的创业思维,乐泰发现了那些被人忽视的商业机会,并通过不断创新实践,取得了一次又一次的成功,不断打开新的市场。通过创业思维和创新实践,如今乐泰已发展成为卓越的全球黏合剂和密封剂生产商。

随着组织、行业和消费者的创新活动越来越活跃,公司内部创业变得日益重要。虽然创业在传统观念里被视为一种个人行为,但公司内部创业和社会创业已在许多不同的领域快速发展,例如非营利组织、营利性组织和公共部门。创业是一个广泛使用的概念,它不仅适用于中小企业、大型企业及跨国企业,也适用于社会投资、企业、社区和政府等不同组织。它不限于特定的人群,任何具有正确的心态、动力和动机的人,都可以形成创业的观念,这种观念能够识别出新的需求,然后通过创业行动将具有创新性和创造性的创意转化为现实。

在大多数的国家、行业和市场,创业者挑战现有假设,寻求以更具创新性和创造性的方式来创造价值。创业者通过识别机会并成功地填补它们,来改变现有业务的运作模式。从可持续发展的角度看,为了保持竞争力,组织需要不断自我革新,采取诸如支持创新想法、为创新提供必要的资源或专门知识,以及在组织系统中将创新活动制度化等形式来推动创业活动。

本章通过分析个人创业、公司内部创业和社会创业的基础概念，来解析创业的经典观点，探讨创业过程的特征，以及如何在现有组织中成功应用。对于成功的管理实践而言，创业需要制定一个统一的框架，通过有效的激励手段，激发组织内关键角色——管理人员和创业者——来付诸实现。在本章的最后将介绍这一系统框架。

创业概览

创业对不同个体含义不尽相同。虽然创业已经发展成了独立的研究领域，但仍然存在一些待厘清的问题：什么是创业者？什么是创业？什么是公司内部创业？什么是社会创业？什么是创业过程？这些经常被提及的问题反映了国际和国内各群体和政府官员对创业和创业者的日益关注。总之随着创业理论和创业实践的发展，"创业"的内涵也得到了丰富。

创业者和创业

创业者（entrepreneur）一词起源于法语，直译就是协调人、中间人的意思。马可·波罗曾经尝试建立通往东方的贸易通道，并较早地对创业者的中间人身份进行了定义和例证。在中世纪，创业者用来定义在管理大型生产项目中，同时扮演执行者和监督者两个角色的个体。比如，当时那些监督建造城堡、公共建筑、教堂等工程的人，通常就被看作创业者。在这些大型的生产项目中，这些个体不承担风险而只是帮助提供资源的国家和政府监管项目的施行。

　　到了 17 世纪，创业者主要是指与政府签订合同的人，这些合同一般是提供某项服务或供应某种特定产品。比如法国人约翰·劳被授权成立皇家银行，这赋予了他在法国贸易中的垄断地位，约翰·劳试图把公司的股价推到净资产之上，这导致公司的衰落，并进一步引发公司倒闭。理查德·坎蒂隆是 17 世纪著名的作家和经济学家，开创了最早的关于创业者的理论，因而也被部分人奉为"创业者"这个术语的奠基人。他将创业者定义为承担风险并为公司提供管理服务的理性决策者。理查德·坎蒂隆将创业者看作风险承担者。

　　到了 18 世纪，创业者和资本提供者有了清晰的划分。在此期间出现的很多发明，因创造了新的需求而获得巨大的生命力，突出的代表包括伊莱·惠特尼和托马斯·爱迪生。这些发明家开发了新技术，但是无法靠自有资金支持发明的产业化和推广，于是惠特尼引入了英国皇家资本来资助自己的轧花机商业化，爱迪生从私人渠道筹集资金支持他在电力和化学领域的研发和实验。惠特尼和爱迪生都是资本使用者（创业者）而不是资本提供者。

　　19 世纪末期和 20 世纪初期，人们主要从经济学视角来看待创业者，且通常不对其和管理人员作区分。英国哲学家约翰·斯图亚特·穆勒认为区分创业者和管理人员的核心是看其是否承担风险。典型的创业者就是被称为美国"钢铁大王"的安德鲁·卡内基，卡内基虽然没有发明新产品，但通过在生产中应用和发展技术增加了钢铁行业的经济活力。20 世纪中期，创新型创业者的概念得以建立和完善。创业者的贡献是运用新发明的潜力优化生产模式，用新的技术生产新的或已有的产品，创建与以往不同的新的产品上下游关系，或者构建新的产业链。

创新和新颖的概念在 20 世纪中期成为创业的有机部分。创新一般指的是引入新产品或衍生产品的行动，是创业者最具挑战性的任务之一。它不仅要求创业者具备创造新的构想的能力，还要求创业者能够厘清各种对创业结果有潜在影响的因素。新颖的概念则涵盖了从新产品、新渠道或者新组织架构等更加广泛的方面。20 世纪的美国金融家和铁路大王爱德华·哈里曼是这类创业者的代表，他专门购买低效运营的铁路并投入巨资进行改造，改善它们的运营效率和盈利能力。该类型另一个著名的创业者是大名鼎鼎的银行家约翰·皮尔庞特·摩根，摩根通过工业资产重组和资本运作构建了他的银行帝国。

今天的创业

从历史发展的角度看，创业（entrepreneurship）指的是为抓住机会而采取行动，把一个未来愿景转化为成功商业实体的行为。今天部分创业定义聚焦新机构的创立，另一些则关注财富创造和所有权的获取，包括特许经营、公司内部创业、管理层收购，以及企业继承等方式。还有一些人则关注创业如何发现和利用机会。

创业者的概念则是在商业、管理和个体观念等概念的基础上延伸而来的。在本世纪，从个体视角出发的创业的概念得到了全面的探究。这反映在创业者的三个行为属性上：（1）首创性；（2）通过组织、重组社会经济运行机制，实现资源向实际效益的转化；（3）承担风险和接受失败。

对于经济学家来说，创业者通过整合远见、资源、人力、原材料和其他资产，或引进和实施变革、创新和新工艺促进生产效率的提升。对心理学家来说，创业者通常被特定的因素驱动，例如为了获取特定的东西、为了尝试、为了成就或是为了过上更加自由的生活。对一些生意人来说，新创业者被看作威胁和激进的竞争者，但对另一些人来说同样的创业者则可能是盟友、供应商、客户或是财富的创造者。创业联盟能够找到更好的运用资源的方式、减少浪费、为求职者提供新的机会。

创业是创造增量财富或者激发环境要素的动态过程。财富创造过程需要创业者承担权益损失、时间风险以及致力于提供专业化的产品或服务。产品或服务的创新可能体现在多种维度上，其创新程度受到创业者的偏好影响。本世纪优秀的创业者包括维京航空公司的理查德·布兰森、戴尔电脑公司的创始人迈克尔·戴尔、微软公司的创始人比尔·盖茨、苹果公司的创始人史蒂夫·乔布斯，以及被称为绿色环保女王的化妆品行业创业者安妮塔·罗迪克等。从创业概念的发展看，当今企业和组织面临的关键挑战，是如何识别内部成员的创造能力和创新能力，同时如何赋予这部分具备能力的人员以权力来发挥他们的潜能。

尽管不同的创业者定义之间有些差别，但创新、组织、创造财富和承担风险等特征是共通之处。按照这些特征，虽然我们可以在教育、医药、科研、法律、建筑、工程、社会工作、分销和政府等各个领域找到创业者，但是这些定义在某种程度上均有其局限性。为了将所有形式的创业行为涵盖在内，需要构建一个普适的定义：创业是创造新的有价值的东西的过程，在这个过程中创业者需要投入时间，并承担随之而来的财务、体力和社会风险及不确定性。当然，创业者也能享受到创业成功之后的金钱奖励和个人成就感。

公司内部创业

公司内部创业，又称作组织创业、公司创业或者企业创投，指的是组织内部的员工追求独立于现有资源以外的机会的过程。这包括开展新业务和偏离常规的寻求机会的模式。企业内部创业的结果通常是新组织的建立或给组织内部带来革新和创新。公司内部创业是在现存企业内部产生创业行为，公司可以看成一个系统，这个系统鼓励个体运用创造性的流程来使用、发明技术或运用新方法来开展工作。

公司内部创业涉及运用内部生成的新资源，应用整合方式来拓展公司的竞争力并抓住新机遇。现有组织可以通过鼓励员工运用创业者的思维，并授权他们自由、弹性地追求不受现有行政边界束缚的项目，培育具有潜在"盈利能力"的创新。内部创新的产出受到组织和环境特性的影响，需要积极主动的人员和群体，以及开放、有利的创新环境。像 IBM 这样具有远见的企业，已经意识到了内部创业对公司成长的价值。惠普公司、3M、美国热电集团和施乐公司，同样在公司内部创业上取得了显著的成功。创业行为也可以被动激发，在 Start 通信的案例中，威廉·奥布莱恩和彼得·尼尔森因得不到 GTE 公司的认可，辞职成立了 Start 公司并取得成功。

格鲁斯和金斯伯格曾提出了更加宽泛的公司内部创业定义，他们强调公司内部创业包含两个主要特点：现存组织中成立的新机构以及通过战略更新对原组织进行变革。这种变革通常包括正式和非正式的活动，致力于在公司、业务部门、职能部门或者项目层面，创造新业务或新流程。变革的终极目标是提升公司的竞争地位和财务表现。变革通过创新性地对公司资源进行整合，带来新的产品组合或者技术，进而对组织的使命进行重新定位。公司内部创业意义下的变革强调战略变革、重组和组织变革。

社会创业

相较公司内部创业，社会创业的定义历史更短也更加宽泛。创业这个术语以往更多地同私人部门的活动相联系，但在最近20年，创业概念中的价值创造部分已经延伸至社会组织。社会创业通过采用某种新的商业模式，为复杂的社会问题提供了创造性的解决方案，对社会团体和整个社会做出了显著的贡献。目前，社会创业不仅吸引了越来越多的关注，社会影响也在日益增加，*Fast Company* 杂志的"社会创业投资奖"和史考尔基金会奖，都是社会创业领域的专门奖项。然而，与实践上的风生水起相比，该领域的理论研究仍然十分匮乏。

非营利组织、营利性组织、公共部门以及混合了这三种组织机构形式的社会组织，分别提出和发展了各自的关于社会创业的定义。出于统一的目的，社会创业可以在各种组织中广义地定义为有社会目的的创新活动，这样既可以应用于营利性组织，比如社会创投，也可以应用于非营利性组织、公共部门，或者混合性质的新型组织。

社会创业能够被更加狭义地定义为：非营利组织、营利性组织、公共部门等在商业性活动中，开发创新性解决方案，运用商业技巧、市场技能，以更好地实现社会价值的目标。将社会创业与其他创业类型区分开来的关键是：社会创业的核心目标，是更好地为服务对象创造社会价值，而不是为私人或股东创造物质财富。

尽管以上关于创业、公司内部创业以及社会创业的定义有着些许不同的视角，但它们都认为创业是创造性的活动。创业的核心构成包括探索和利用机会，创业行为的发生离不开对机会的识别和确认。表1-1对比了个人创业、公司内部创业和社会创业的异同，指出创业和创业者偏好创新活动，能从主动性的创新中得到满足，同时也告诉我们创业的核心构成包括发现和运用机会。

表1-1　　个人、公司和社会创业者/创业之间的异同点

	个人创业者/创业	公司内部创业者/创业	社会创业者/创业
目标	自由地发现和利用获利机会；独立和目标导向；高成就需求	自由和灵活地追寻项目，不被官僚主义桎梏；目标导向；自发性激励，但同时受到公司特质的影响	自主支配资源，为相关利益群体服务；为现存的服务增加价值；定位社会问题，增加社区和社会的价值；受到社会正义感的驱使
机会	自由地寻找机会，不受限于其控制的资源；相对不受特定环境的影响	自由地寻找机会，不受限于其控制的资源；尝试新事物，突破常规寻找机会	展现出识别及利用机会的能力，并通过激励社会变革创造社会价值；构造社会价值概念来打破现有均衡
聚焦	强烈关注外部环境；聚焦有竞争力的环境和技术进步；首要的关注点是财务回报、利润最大化和独立性	聚焦创新活动，以开发新产品、服务、技术、管理技术、战略和竞争态势为导向；首要关注点是通过创新活动产生经济回报	聚焦通过创新高效地满足公众长期需求从而创造价值，致力于利用社会机会以提升社会回报、社会财富和社会公正

续前表

	个人创业者/创业	公司内部创业者/创业	社会创业者/创业
创新	通过创新创造价值，突破其自身的资源限制（人力和资本）以抓住机会；创造或接受有高价值创造潜力的资源	能够支持和激发个体运用创新流程的系统，人们能够运用该系统来规划、审查和有目的性地进行创新活动；在相关企业中点燃革新和创新的火种	为社会总体的福利创造实用的、创新性的和持续性的解决方法；动员有益于社会变革的思想资源
冒险	冒险是创业特性和职能的首要因素；假定主要由个人承担财务风险但尝试将该风险最小化	理性冒险者；认识到风险跟个人职业发展相关，并以组织为整体来承担	识别创造机会的社会价值和创新、主动和冒险等关键决策的特性；接受高于平均水平的风险
特性和技能	自信；坚实的商业知识；独立	自信；坚信能够掌控系统的运行；坚实的技术和产品知识；良好的管理技巧	自信；对不确定性容忍度高；熟练的政治技巧

创业者和管理人员的对比

创业者和管理人员的本质很容易混淆。尽管创业者跟传统管理人员存在很大差别，但创业活动在很大程度上确实是管理行为。管理涉及在实现组织目标的同时，减少波动性以保证经营的稳定。高效的管理需要做好预测、规划、组织、协调、沟通、领导、推动、激励和控制。管理的目的在于通过观念、人和技能的运用，实现从投入到产出的高效转化。这要求管理人员能够高效地运用资源，实现与组织目标相适应的最优效果。

创业者则是未来导向，搜寻机会并寻找创新的手段来抓住机遇。创业者偏好创造性活动，能在资源的创新性整合中得到满足，以达成财务、经济和增加社会财富的目标。创业者在获取资源、克服障碍和落地构想上具有创造性。虽然创业者和管理人员在很多方面存在一定的重叠，却是两个不同的概念；但两者并不是完全对立的，创业者和管理人员的角色是可以相互转换的，个体可以在不同时间点有意识地对不同的核心职责进行组合，以实现角色的转化，见表1-2。

表1-2   创业管理者的角色

创业者		管理人员
发现		预测者
视野	→	规划者
创新		组织者
创造		协调者
理性冒险者	创业管理者	沟通者
机会寻找者		辅助者
资源调度		激励者
自信	←	领导者
内在动力		掌控者

创业过程

创业过程不止涉及解决问题。包括个人、公司和社会在内的所有创业者，都需要克服创造新生事物的阻力，才能发现、评估和开发机会。因此，要了解创业活动需要先了解其中的过程，以及如何有效地管理这些过程。这种过程会出现在多种环境下，并在个人、公司和社会创业等背景下有所不同。

创业过程可以清晰地划分为四个阶段：（1）识别和评估机会；（2）开发商业计划书；（3）确定资源需求；（4）启动和管理公司。尽管这些阶段是按照顺序逐步推进的，但它们之间并不孤立，也没有严格的先后顺序。比如，要成功地识别和评估一个机会（阶段1），创业者必须对他所追求的商业模式有清晰的认知（阶段4）。

识别和评估机会

识别和评估机会是最困难的任务。创业者并不总是一开始就具有关于新产品、服务和流程的创新概念，往往是他们的敏锐性帮助他们定位到机会。不管机会是通过客户、商业伙伴、渠道成员还是技术专家提供的信息发现的，创业者都需要对每一个机会进行甄别。机会的评估可能是创业过程中最重要的因素，它评估特定的产品和服务所带来的回报，能否补偿其所需的资源。如果没有市场需求的存在，优质的产品、服务或流程，低廉的价格、更便利的渠道、更好的客户服务和售后服务都毫无意义。

评估过程包括观察机会的窗口期、现实的和潜在的价值、风险和回报及其与个人（公司内部创业者或社会创业者从属的组织）技能和目标的匹配度，以及在其所处的环境中机会所孕育的独特性和差异化优势。所有的创业者应该对相应的机会充满信心，体现在会做出牺牲来克服潜在组织障碍，以便成功开发和管理机会。

对于个人、公司和社会创业者的关键问题包括：描述产品、服务和流程；评估机会的来源、规模和持续性；评估创业者及其团队；明确将机会转变成可实施的创新创业行为所需的活动和资源；评估为公司的创建和发展提供资金的来源。

开发商业计划书

要识别和评估机会，创业者需要详细描述各种商业概念。关于新产品、新服务或者新流程的商业概念描述了利用机会的创新性和创造性方法。为抓住明确定义的机会应开发商业计划书。这是创业过程中相当耗时的阶段，而且需要随着情境的变化而修改。比如，个人新创企业的商业计划书不同于公司内部创业，也与社会创业不同。一个好的商业计划书是抓住机会和决定所需资源的基础，是成功创办和管理新创企业的路标。

确定资源需求

所有的创业者都应该明确抓住机会所需的资源。该流程从评估现有财务和非财务资源开始（例如技术能力、团队胜任能力、许可证、专利、消费者关系以及地理位置）。应该注意的是不应低估所需相关资源的量级和多样性。对于公司内部创业者来说，高管的支持是最重要的资源；对于社会创业者来说，政府支持是更加重要的资源。创业者行为的关键是如何有效利用各种可能的资源渠道，这样能够使组织在无需大规模财务投入的情况下，灵活利用资源，确保商业概念得以推进。

启动和管理公司

在获取所需资源后，创业者必须运用它们来实现商业计划。对于个人创业者，这涉及落实管理风格和组织结构，但公司内部创业者和社会创业者则有所不同，他们需要面对的是如何适应和克服各种来自公司现有制度的限制和约束。此外，需要部署和实施一个有效的控制系统，以便快速识别问题所在并解决问题。一些创业者在企业的初创阶段表现很好，但是在管理和企业成长上遇到困难。与个人创业者相比，一些公司和社会创业者通常因为组织的约束和限制，在管理创新上遇到困难。

所有类型的创业者都需要通过及时的适应和调整，学会忍受风险、不确定性和模糊的前景。最后，创业者的思维有助于在高度不确定的环境中，迅速地感知机会、快速行动并调动各种资源。这要求他们能够动态、灵活调整，具备自我约束能力，并在较难的多维思考决策框架下，积极致力于感知环境的变化，采取相应行动。

不同背景下的创业过程

创业是一个宽泛的概念，在个体、企业、现存组织或者社会企业等多种背景下实施创业过程，需要评估各种不同背景的独特性。当公司内部创业者或者社会创业者推动的是新服务或新概念时，创业流程中的四个阶段在各种背景下都是适用的。在各种情形下都需要识别和评估机会，规划创新的概念，评估所需资源，在一定的时间框架内管理和实施创意。

公司内部创业的框架

在创业领域，公司内部创业是成长最快的。许多创业者发现在企业初创之后，难以对其进行管理和扩张。类似地，许多管理人员发现，难以让有创新精神的员工参与到企业活动中。为了组织成长和发展，一个有创业精神的管理人员，应该建立和发展一个鼓励公司内部创业行为、奖励员工承担风险的组织。

当今的企业组织，越来越多地面对全球化的竞争和技术快速迭代的压力，公司内部创业显得愈发重要。随着科技的进步，消费者能够更加方便快捷地获取各类产品的替代品，公司的竞争者可能存在于世界的各个角落。企业组织迫切地需要变得更加有创造性，参与到公司内部创业的行动中，以保持竞争力。在公司内部创业领域领先的国际公司有很多，3M、朗讯科技、诺基亚、西门子利多富、杜邦、美国热电和瑞侃等皆是这方面的代表。

本书通过讨论如何在组织中建立创业者精神，展示重要的公司内部创业活动，帮助各类管理人员和创业者提升创新和创业管理能力。公司内部创业的整体框架可以用图1-1来展示，框架由三个主要部分构成：（1）管理公司内部创业；（2）组织公司内部创业；（3）实施公司内部创业。

第一部分：管理公司内部创业
第1章：创业和公司创业
第2章：公司内部创业行为
第3章：理解和管理创业流程
第4章：识别、评估和选择机会

第二部分：组织公司内部创业
第5章：定位内部创业
第6章：组织创业
第7章：控制创业
第8章：内部创业中的政治

第三部分：实施公司内部创业
第9章：制定商业计划书
第10章：选择、评价和补偿公司内部创业者
第11章：新创企业融资
第12章：在你的组织中实施公司创业

图1-1 公司内部创业的框架和结构说明

　　企业的领导者首先需要拓展对于管理公司内部创业的理解。公司内部创业是通用概念，不同情境下有共通之处。但是，当尝试把创业应用到大型组织机构或社会创业的不同情境时，依然有根本的差异。基于此，领导者应当开发和构建能够鼓励和激发员工像个人创业者一样定义和识别机会的组织环境。公司内部创业管理包含四个主要元素：理解不同情境下公司内部创业的含义；辨识公司内部创业的行为特征；制定和管理创业过程的规范；有效地管理识别、评估和选择机会的过程。

　　高效管理新创业务要求管理者能够有效地组织创业活动，这涉及为新创业务进行合适的定位、协调资源以及控制和管理内部政治问题。最后，实施公司内部创业需要对商业模式有透彻的理解，并拟出可行的商业计划书，选择适合的管理人员并给予适当的激励，保证资金充足，并在组织中灌输相关理念。

图1-1定义了本书的主体结构。第一部分包括第1~4章，聚焦在公司内部创业的管理上。该部分定义了个人创业、公司内部创业和社会创业之间的异同点。通过分析、比较各种不同创业类型过程之间的异同，进一步明晰了创业过程的概念。通过剖析动机、兴趣和动力，展现与公司内部创业相关的行为，创业行为的构成元素，如识别、激励、欲望和动机等得到进一步确认和讨论。优秀的公司内部创业者，需要为新的风险业务创造结构、流程和管理理念，然后识别、评估和选择机会。激励个体和团队识别、评估和选择适合组织发展，能够促进盈利能力的特定机会，是公司内部创业中的关键活动。

本书的第二部分（第5~8章）考察了公司内部创业需要集合的关键要素。公司内部创业包括改变组织的某些方面或者整个组织的变革。要克服内部创业的重重困难，必须在现有的组织基础上做出调整和改变，包括对公司自身特性、创业环境，以及环境对公司内部创业潜在影响的讨论。初创业务或新创企业，应该在各个层面得到有效组织。这需要有去中心化的组织结构和程式化程度较低的决策过程来促进开放交流；通过会议和专门委员会各个层面的人际沟通，让新创企业创业过程得到多元化的充分参与，并获得相关人员的必要支持。这样新创企业就能够实现很好的组织和有效的管理，实现这一目标需要高度的创造力和大量的团队合作。

控制力是内部创业团队能够高效地实现核心目标的必要条件。控制有多种形式，但是最终得以执行的控制系统，会受到组织的战略、结构和核心商业活动的制约。虽然结构和系统对于组织的管理和控制有重要的意义，但这些流程不能影响组织活动的灵活性、直觉、创新和创造。本部分将阐述管理如何在发展和创造控制过程中发挥作用，以及高效控制系统的典型特征问题，同时也探索了开发鼓励公司内部创业管理哲学的有效途径。

不管如何变化，一个组织都有它自己的权力和政治体系。最适合创业的权力来源，可以从积极和消极的政治哲学、斗争策略、参与者和支持者，以及政治在新创企业初期的破坏力等几个方面来进行理解。

本书的第三部分（第 9～12 章）考察如何实施公司内部创业。公司内部创业商业计划书不止包含成文的执行说明，而且需要持续更新，以确保公司的成功运营。这需要监控、估算和评估内外部环境，保证做出正确的决策，采取合适的行动。

另外，该部分讨论了公司内部创业所涉及人员的问题，相关流程包括选择、评估和补偿相关参与人员。当决策者考虑设置一个新创业务时，它需要配备相关的资源，比如财务资源等。这涉及对包括公司内部风险投资等各种投资方式的讨论。总体而言，本书推荐了多种管理公司内部创业的方法模型，以及组织实施内部创业过程中应贯彻的指导原则。

小　结

创业者和创业对不同的人来说有不同的意义，在个人创业、公司内部创业和社会创业等不同的情境之中，也存在不同的观点。尽管有差异，但它们也有很多的共同点，比如承担风险、创造力、独立性和回报等。

创业者通过识别、评估和发展机会来建立新创企业。每一步对最终的成功都至关重要。在成熟的组织中，公司的首要任务是平衡管理者和创业者的角色，这样才能发展出创业管理人员。

今天对于所有企业家而言，他们面临共同的挑战——如何成功建设组织以满足当前的竞争需要，应对明天的创新挑战。企业家应该保证组织具备足够的内部多元性，才能应对这一挑战，这种多元性体现在战略、组织结构、人员配置和流程上。在现存的公司组织结构中，公司内部创业家需要有创造性、灵活性、远见卓识和在公司既定结构下工作的能力，才能满足创新和创业工作的需要。成功应对这些挑战会让企业创造长期、可持续的财富和社会回报，推动组织的成长和发展。

02

公司内部创业行为

什么因素影响了创造力的发挥？创新和创造的区别在哪？一个组织应该怎样克服障碍实现创新和创造力的价值？什么样的行为有助于促进组织内的创业活动？

情境案例

爱立信

从 1876 年创立至今，爱立信已经发展成为公认的通信领域的领导者。爱立信公司是全球化的通信设备供应商，以及移动（固网）运营和服务供应商的解决方案提供者，是最早运营海外业务的公司之一。在创立初期，它的创始人拉什·马格纳斯·爱立信就决定在俄罗斯建立生产设施。创新和创业是爱立信公司成长和发展的主要推动因素。技术是爱立信的竞争中心，今日的爱立信公司依然持续扩张并不断创新以站在科技竞争前沿，同时为所有客户提供低价和便利的服务。创新对于爱立信来说尤为重要，它驱动着公司的成长，公司采取市场驱动的创新战略，聚焦于提供不断创新的便利技术来满足客户的特定要求、需要和期望。1900 年，爱立信在全球雇用了 1 000 人，生产了 50 000 部电话。1923 年，第一部 500 点自动交换机投入使用；1950 年，LM Ericsson 电话交换机用于世界上首个国际电话；1968 年，世界上第一个数字电话交换机（AXE）投入使用；1991 年，AXE 为 11 个国家的 3 400 万名客户提供了 1.05 亿次的连接服务；2000 年，公司成为世界领先的 3G 系统供应商；2005 年，爱立信公司赢得了迄今为止意大利和英国历史上最大的运营商的基建订单；2008 年，爱立信在硅谷设立研发中心；2009 年，威瑞森和爱立信合作完成了世界上首个基于 4G 网络的数据呼叫。爱立信有着不断创新和探索下一代高效、高质通信网络技术的悠久历史。1878 年，爱立信推出了单个喇叭的电话；1968 年，世界上首个数据交换系统完成部署；1981 年，世界首个移动通信系统——Nordic Mobile Telephone（NMT）在沙特阿拉伯完成部署；1991 年，世界首个全球移动通信系统（GSM）开始运营；1999 年，爱立信着手推动 3G 网络和移动互联网；2003 年，高速宽带系统（WCDMA）全球首秀；2007 年，涵盖移动网络和固网的全覆盖宽带开始推广；2008 年，爱立信开始推广自己参与制定的 4G 标准（LTE）；2009 年，爱立信凭借其在光纤和空载传输上的贡献荣获 IEC 信息视野奖。

全球超过 175 个国家的 1 000 张网络使用爱立信的通信设备，其服务了 40% 的移动电话呼叫。爱立信是全球主要的移动通信供应商，2010 年其全球雇员达到 88 060 人。爱立信的网络覆盖了

20 亿人口并为其中的 7 亿人提供服务，其中美国和中国是最重要的市场。爱立信拥有超过 25 000 项专利，堪称业内最强的专利组合之一。爱立信目前正在推进新一代 LTE 和多媒体技术（MM-Tel）等下一代通信标准的发展进步，这些新技术将提升用户沟通和娱乐的体验。爱立信公司认识到沟通在改善人们生活和工作方式上的重要性。创新是爱立信企业文化的重要构成。它用科技来服务客户、商业和社会。它提供的通信网络、电信服务和多媒体解决方案使得在动态的、全球化环境下的沟通更容易。分布在全球的研究人员持续地在塑造未来的颠覆性技术上进行研究。爱立信的研发投入全球领先，每年投入到研发中的经费近 50 亿美元，研究领域覆盖无线网络、宽带技术、多媒体技术、服务和软件、无线接收技术、分组技术、全球服务研究、可持续发展和电磁频率研究。

2001 年 10 月，索尼和爱立信以 50∶50 的股份比例成立了索尼爱立信公司，索尼爱立信为爱立信提供了客户接口，融合了爱立信在移动通信领域的优势和索尼在消费电子领域的专长。索尼爱立信提供了多样的终端设备供消费者选择，为客户提供多媒体及其他个人通信服务。

2008 年，ST-NXP 无线和爱立信以 50∶50 的股份比例成立 ST-Ericsson，两家世界领先的半导体平台公司强强联手。ST-Ericsson 是无线领域融合设计、开发和创造前沿平台和半导体产品的行业领军企业。

2010 年 7 月，爱立信收购北电网络公司的股份并通过 LG-Ericsson 打入韩国市场。通过 LG 和爱立信的研发资源整合，合资公司在无线、光学和有线产品领域形成了独特的竞争力。作为创新科技和网络覆盖技术的集合体，合资公司为客户提供了打破信息沟通界限的服务，助力客户发展。

从电报到电话直到 4G 技术，爱立信一直是行业的领导者和推动者，为从 NMT 到 GSM 再到 LTE 的技术标准进步做出了显著的贡献。它通过不断的科技创新和提供可持续的商业解决方案，践行着其"做互联世界的推动者"的愿景。爱立信意识到创新正快速发生变化，其创新中心正聚焦于创造移动应用，直接为客户和社会提供价值。爱立信公司创造了一个从技术创新到商业化的生机勃勃的文化。

在影响个人创业、公司创业、组织革新、组织创新和前瞻性战略成功的必要元素中，个体创业者和公司内部创业者是最为关键的。成熟组织中的公司内部创业及相关行为受盈利、成长、发展、冒险、革新和创新等推动。换句话说，这些组织通过支持公司内部创业者来识别和发展创造利润的机会，进行全球性的扩张和成长，并形成以高效配置资源为本的竞争优势。

各个层面的管理对于公司内部创业的成功都至关重要，管理和雇员行为都是公司内部创业活动的重要组成部分。公司内部创业要求组织能够承受创造性和创新性的风险行为实现组织的自我更新，这同时有益于提高资源配置效率。管理层坚定的支持和领导也是其成功的关键。

要高效地促进公司创业活动的发展，组织应该聚焦关键因素，如管理高层的支持、长期视角、资源、回报、灵活的组织结构，以及与公司内部创业活动相容的企业文化。管理高层对于创业活动的协助、促进和支持可以以多种形式体现出来，例如奖励有创意的点子、为相关项目提供必需的资源和人力支持，或者将公司内部创业活动融于组织系统的日常运行之中。

公司文化通过影响组织的行为对日常经营活动施加影响。文化的概念描述了一系列同公司组织生活相关的活动和特征。新员工要成为组织的关键一员，就必须有效地融入组织。为适应动态变化的环境，现有员工必须能够做出调整以适应组织的变革。

文化会对包括人际关系在内的组织活动的各个方面产生影响。从管理的角度看，文化是有机地、自然地和非程式化地生成的。容易生成官僚主义和体制僵化的组织难以在动态的环境中实现目标。在一些组织中，主流文化对管理层的目标存在抵触心理。如果员工不能得到适当的激发创新和包容错误的训练，向着更多参与和更少抵触的文化转变将会失败。文化不是静态的而是不断演化的，因此，组织文化如何保持持续性也是个具有挑战性的话题。

本章从领导层结构化的支持和文化变革的角度检验了促进公司内部创业行为的方法。通过讨论创新和创造等问题来理解创业过程及其阻碍因素，并提供克服这些阻碍的方法。接着叙述了与创业者个体性格特征有关的公司内部创业特性。接下来本章会描述组织创业文化建设的方法。最后，讨论什么样的变革会带来持续的公司内部创业行为和活动。

创新和创造力

创新和创造力是公司内部创业的核心构成。创造力是发展创新商业理念的基础。它是人们运用新颖的方式发现和发展新创意、新流程或者新概念的实践过程。创新的成果能够体现组织有无创业特性。创新是创业流程的关键构成，将新的创意付诸实践是创业行为的核心特征。创新利用创造力来将创意转化为实际的产品、流程和服务。公司内部创业者必须具备高度的创造力才能克服重重困难，将一个想法从创意变为现实。

在快速变化的企业竞争环境中，创新被看做创业行为的本质。创新有多种形式，比如创造新产品和服务、开发新的生产工艺、挖掘新的市场、发现新的上游原材料供应源或是开发新的组织战略。重大的突破式创新是伟大的，然而绝大部分的创新是对现有产品的逐步改进，而不是冒险地将激进的新产品推向市场。突破式创新是稀有的，蒸汽机、青霉素、计算机、汽车和互联网是典型代表。一般来说，公司通过引导创新过程获取颠覆性的想法十分少见。

与突破式创新相比，技术创新发生频率更高，通常表现为较低水平的科学发现和技术进步。技术创新推动产品市场层面的进步，因而需要企业尽力去保护，个人计算机、语音和文本信息、喷气式飞机是技术创新的代表。

一般创新是创新最常出现的形式，它往往在技术创新的基础上做出延伸，以做出更好和更有吸引力的产品或服务，即所谓的持续创新。美国运通便一直在寻找方法来延展、完善和提升服务水平。不同公司有不同的创新战略：3M 公司鼓励突破式创新，戴尔、微软和星巴克等则采取不同的战略。值得一提的是微软的创新战略，微软旗下的 Office 和 Windows 是行业的标杆，全球每年售出超过 3 亿台预装其系统的电脑。然而微软认识到这可能不会长期持续，进而战略性地进入新领域，确保自身市场份额不会受到侵蚀，同时这也能够帮助它不断改进其当前的产品。像通用电气、3M 和诺基亚等公司都是通过持续创新，并进行自我转变，创造创新产品和服务来拓展新市场。惠普和 IBM 都是公司内部创业的忠实拥趸，它们一步一个脚印，保证自己在创新中的领导地位。公司内部创业、创新以及创造之间的关系通过三个阶段体现出来：第一阶段，创造力融于创意、活动、能力和技能之中；第二阶段，创造体现为原型产品和样品；第三阶段，创新体现为相应发明取得商业成功。

创造性过程

创造性是现实性、可行性和市场化的根源。组织创造力的三个主要方面包括知识、动力和能力。识别机会、解决问题和进行决策的过程需要相应的知识。动力是有勇气作为第一个行动者去从事创新或投身新事物的热情、渴望和动机，这类个体通常注重内省和自控，并且受到成就和自我满足感的驱使。能力指的是个体识别问题和解决方案的方法，体现在能够采用广泛和创造性的技术手段精准评估形势，也体现在能够识别出解决问题的最佳行动方案。

如下五个要素是创造性过程的关键所在：

- 识别、定义、质疑问题和挑战
- 孵化
- 识别潜在的解决问题方案
- 从备选方案中选择切实可行的方案或方案组合
- 执行、测试和评估

　　创造性过程始于对组织面临的问题和挑战的定义和质疑。在识别过程中个体尝试寻找问题的答案。探究这些需要广泛地提出问题，所以在这个阶段需要跳出现状看待问题，此时请教组织日常运营之外的顾问是有益的。

　　寻找解决方案需要时间，所以需要有孵化阶段，在这一阶段创业者无须考虑各种问题的最终解决方案。但该阶段至关重要，因为该阶段能够帮助企业定义继续前进所需的额外帮助。

　　下一个阶段——识别潜在方案——产生反映目前状况、更正问题成因的备选方案。这会促成挑选出最优选项或组合。最优方案能够消耗最少的资源实现总体的目标和达到期望的结果。创业者尽力根据计算出的风险和不确定性水平来做出选择决策。决策方案最终成功与否取决于方案能否实现。该阶段通常需要对方案进行进一步的修改和完善，以便更好地适应公司文化。

　　最后的阶段——执行、测试和评估，涉及管理上、行政上的用途和确保方案能够得到高效执行的说服能力。一旦进入执行阶段，概念必须通过评估以确认我们的理解是否存在偏差，方案能够得到内部组织机构的理解和支持是其成功的关键。

创造性个体的性格特征

　　每个个体都有一定的创造潜能。缺少研发、缺少积极的激励环境以及欠缺自信都会压抑个体的创造性。幸运的是，创造力是能够被训练的技能，并且能日臻完善。一个有创造力的人具备如下特征：

- 客观并且开放

- 能够识别和克服困难
- 理性冒险者
- 具有内在动力
- 内控型人格
- 渴望成功和认可
- 受到成长和发展的驱动

创造性技巧

有数不清的技巧有助于生成创造性的点子和概念，典型代表是头脑风暴，即由 6～12 人组成的小组提出大量的点子，并且互相不进行评价。头脑书写是头脑风暴的一种无声的形式，每个人将自己想到的点子记录在纸上并且匿名提交。这些点子会在成员间进行交换和交流。焦点小组是另一种方式，个体在结构化格式下提供信息。库存问题分析则是通过聚焦于现存的问题进行分析的方法。这些技巧的价值因个体思考过程、问题解决能力和决策制定过程而异。相关问题将在第 3 章进一步阐释。思考过程的效果会因为参与者多元化的视角、背景、经验、技巧和专长得到提升，因为这能够避免群体迷思和促进多角度思维。

创新过程

创新为现状赋予新生。创新不仅可应用于新市场的开拓，更为现有的服务方式和成熟部门提供新鲜的血液，它可以是向社会提供新的部件、产品或服务，也可以是对现有产品或服务的小小补充和改进，或者像互联网、iPhone 和社交网络那样带来爆炸性的变革。创新不一定是创造组织完全不了解或全新的东西，也可以是行政流程的变革，落实有利于组织内外部沟通或信息交流的新规则、新流程和新结构。这些项目虽然不需要发明新的技术，但是却要求组织自我变革。

对于组织来说，如何鼓励和管理创新是一个重要挑战。创新也许是目前企业面临的最为紧迫的问题。著名管理大师彼得·德鲁克曾说过："创新是创业功能的一部分，即创业者要么创造新的生产资料，要么获取现有的具有创造财富潜能的资源。"本质上，创新是为经济和社会创造有目的的、有所侧重的改变。创新型的创业企业创始人如赫伯·凯莱赫（西南航空）、皮埃尔·奥米迪亚（eBay）、杰夫·贝佐斯（亚马逊）、尼可拉斯·詹斯特罗姆（Skype）、迈克尔·戴尔（戴尔）和马克·艾略特·扎克伯格（脸书）与麦当劳连锁经营的创始人、梅赛德斯-奔驰连锁经销商的创始人、报摊的创办者或者咨询公司的创办者相比，他们创办的企业无疑是高度创新的。

创新不只是提出好的创意。创意是重要的创新源头，创造性思维在其发展过程中扮演了核心角色，创新是一个涉及结构和社会条件的动态过程。创新过程一般始于对需求的感知，最终将创新落实以满足需求。哈佛商学院教授罗莎贝斯·莫斯·坎特勾勒出了创新的四个任务，它们按照时间循序展开，大致对应创新过程和特定创新的发展历程，这些任务包括：

- 产生创意，激活创新驱动力。
- 组建联盟，获取推动创意落地的权力。

● 创意实现和创新产生，将创意转化为模型以用于产品、计划或原型。

● 转移和扩散——创意的采用和产品的商业化。

公司创新和创造

公司内部创业只能出现在一个有利于创新和创造的组织中。组织中有利于创新和创造的特性包括：

● 具备创新和创造所需的相关资源。

● 组织中各个层面成员之间能够顺畅沟通，包括持异见者。

● 去中心化的结构，使成员能够成为创新活动的一员并为其提供相关指导。

● 有凝聚力的工作小组，有开放的、建设性的和合理的冲突解决方式以整合和发展个体创造力。

● 较低的人员流失率。

● 具备奖励和激励创新和创造行为的人事政策，组织成员不会因失败受到惩罚或因成功而受到排挤。

● 发展出高效的应对不确定性的机制和适应变化的能力。

最成功的组织会将它们从过往创新经历中获取的经验融入接下来的创新活动。这会有利于组织提升表现、提高盈利能力，有利于组织的发展和成长。

创新和创造的障碍

在官僚化的组织结构中普遍存在的有碍创新和创造的因素

包括：

- 完成压力和行政负担：创新的时间有限，这会让成员错过创新的机会，而这些创新能够带来更高的时间效率和成本效率。

- 指导原则、规则和政策：这些在日常工作中是重要的，但它们也会成为创新思维的拦路虎。

- 短期预算和给定的时间周期：短期预算和给定的时间期限可能会加重非常规思维缺失的局面。创新的战略会因为应付临时的需求而受损。

- 缺乏创新奖励和激励机制：在官僚机构中失败的惩罚比成功的奖励要高。

- 规避风险的文化：责任制、标准化和一致性的范式和模式导致的风险规避文化，有碍创新和创造。

- 羸弱的动态风险和变革管理能力：当创新和进步的机会出现时没有足够的变革和风险管理能力。

- 技术储备就绪但受限于文化和组织安排：对创新融入组织文化的抵触一般是由政治、权力斗争导致的，学习新事物时的困难也会阻碍创新和创造。

克服创新和创造的障碍

有多种方法能够克服创新和创造的阻碍：

- 克服官僚主义的惰性，准则、规则和政策：拥抱不确定性并将失败视作通往进步和前进的阶梯。弗赖伊，3M公司的创业者，用原本不适用于既定目的的胶水发明了利润可观的便利贴。弗赖伊没有抛弃不符合目标的胶水而是将它用作他途。

● 劝导和激励：通过鼓励个体跳出工作职责来思考、探索不同的方式解决问题来强调创新和创造的利益。这会让员工拓宽视野，关注全局。

● 提供便利：保障创新研究和落地所需的资源。

● 总体观念：

　　○ 寻找额外的资源支持个体；

　　○ 克服所有阻碍创新和创造力发挥的组织结构和文化；

　　○ 保护和施加持续努力；

　　○ 争取政治支持，建立同盟。

也许最关键的就是在组织中获得管理高层以及管理人员的普遍支持。这可以通过如下方式达成：

● 设立明确目标鼓励员工采取创新性方式推动组织的成长。

● 与员工进行磋商和沟通。

● 设立创新奖励机制并向创新者提供非正式的认可。

● 减少对创新者的限制。

● 确保创新的项目能够得到公平的展示机会，以保护创新者的积极性。

● 为创新者提供资源。

创新和创造应该得到有效管理并且服从组织的战略。创新和创造不是孤立发生的，它需要融入组织的文化，并成为组织行为的基本组成部分。

公司内部创业行为

公司内部创业行为是组织利用竞争对手未识别到的创业机会获取优势，所采取的一系列行动。公司内部创业既是个体层面也是组织层面的现象。创业、革新、创新、冒险和前瞻性行为，将大型机构区分为创业导向型和非创业导向型。像 3M 和微软等公司持续保持了高水准的创业水平。对于公司内部创业绩效的研究发现，创业导向明显的公司有更好的绩效表现，这证明公司内部创业对于组织成功和发展有重要作用。

公司内部创业态度和行为的五个维度包括：公司风险投资、革新、创新、冒险和前瞻性。公司风险投资指的是追求进入和公司现有产品和服务相关度较高的新业务。革新强调战略的改造、组织再造和组织变革。创新反映对新创意、实验和创造性过程的支持，因而逐渐远离成熟的做法和技术。冒险是指为结果未知并且失败代价高昂的项目提供支持的意愿。前瞻性是指对于外部环境中未来的需求、愿望和期望所做的预期和行动。公司创业是与组织产出和管理的确定性相关的偏好、使命、目标、信念和行为的战略构思。

公司内部创业活动由创业态度和行为因素构成。它指的是一个机构对于拥抱新机会和为创造性变革承担责任的意愿。相关个体或团队被看做创业代理人。行为因素包含识别机会、开发概念、评估资源需求、获取必要资源以及管理和收获冒险成果。这些行动被看成创业活动。

创业行为的研究聚焦在心理和行为特征上。心理学指出个人和公司内部创业者有着相似的人格，这可以对他们的行为作出合理解释。这些共性使他们异于常人，这种差异能够通过他们的人格特征进行解释。理查德·布兰森（唯珍）、迈克尔·戴尔（戴尔）、比尔·盖茨（微软）、史蒂夫·乔布斯（苹果）、玛莎·斯图沃特（Living Omnimedia）、梅格·惠特曼（eBay）和马克·扎克伯格（脸书）这些创业者，常被视作英雄般的楷模。

美国的心理学家麦克利兰对该理论做出了重大贡献。从心理学家的角度来看，高成就需求个体的一系列特性能够被识别出，创业者通常展现出这些高成就需求个体的特征。这些特征包括成就需求、责任需求、权力需求、动机、冒险倾向、内在控制和创新性。

对成就的渴望可以定义为："对完美的追求，不在意社会的评价和浮名，更加在意内心的个体成就感。"麦克利兰写道："一个社会整体上对成就的高需求能够产生更多充满能量的创业者，他们会进一步推动经济的快速发展。"根据麦克利兰的理论，创业是成就需求和经济发展的中间变量，创业和经济发展互相促进。他发现创业者不仅有高度的成就需求，他们同时具备以下特征：

- 愿意为自己做的决策承担责任。
- 偏好有一定风险的决策。
- 对决策可能带来的结果感兴趣。
- 不喜欢重复的常规的工作。

类似地，公司内部创业者的态度和行为包括：

- 具有在组织内通过竞争获得成功的渴望和动机。
- 有主人公意识，愿意负责关键项目。

- 愿意拥有一定的自主权和权力，以做出独立的和自己判断的决策。

- 对新的信息、人员和实践有灵活而开放的心态。

- 能够承受组织边界和外部环境中的不确定性和未知性。

- 具备创新和创造性思维、解决问题和制定决策的能力。

- 有能力在组织的限定范围内发现和抓住机会。

- 意识到选择、行动及潜在后果的风险。

- 面对挑战和短期没有回报时坚韧、乐观和坚定。

- 能够思考、讨论和形成作为组织战略一部分的愿景。

- 具有影响力。

公司内部创业者受挑战和机会驱使，他们倾向于独立并依靠自身。当承接项目时，他们需要有自主权，即享有一定的自治和灵活性。公司内部创业的本质决定他们需要具备对模糊和不确定性的忍耐力。最成功的公司内部创业者因为他们的成功而受到赞赏，然而从最初对项目的预期就开始出现分化。对不确定性的容忍同灵活性和适应性一起构成了创业过程本身的一部分。

公司内部创业者通过对创意及其落地负责来展现创新和创造力。创造力不只是产生创意，它也是执行流程的基本组成部分，后者在解决问题和做出决策的过程中需要更进一步的创造力。布鲁斯·格里芬曾是通用电气数字 X 射线项目的公司内部创业者，该项目后来发展成为该公司的一个重要部门。

公司内部创业者同时是理性冒险者。理性冒险是追求合理失败概率的行动过程。人们可以用偶然事故预防规划、问题解决和决策规则来管理潜在的风险因素，实现理性冒险。当公司内部创业者精心构思出与组织发展愿景一致的创业项目时，理性冒险者就会展现出坚毅和决心。3M 的便利贴、Scotch 的透明胶带和通用电气的电灯泡及附件、摩托罗拉的移动电话都是该种远见的代表。一些公司内部创业者通过打破公司规则来突破他们的本职，以达到成功。查尔斯·豪斯（惠普）坚持将工作重心放在高质量视频监控设备上，并为公司带来了高销量和利润。菲利普·艾崔奇（IBM）领导一个研发和推广个人电脑的团队，他运用内部销售力量和零售市场，打破了流程中的主要运营规则。

组织如果能够让雇员发挥自主性并以更加开放和灵活的方式进行思考，将有益于公司内部创业行为的发生。这种策略带来了成功的公司内部创业产品，如便利贴和光盘。1997—1999 年间，朗讯科技创造了 19 个新创企业，涉及互联网软件、网络、无线及数字广播。2006 年，朗讯公司跟阿尔卡特公司合并成立了阿尔卡特朗讯公司。2007 年初，新公司宣布收购北电网络（Nortel Networks）的无线接入业务，目的是推动自身网络技术从 3G 向 4G 发展。1994—1997 年，舒麦尔领导下的西门子利多富，在公司内部创业文化上出现了转折和改变，催生了 250 名内部创业者进行他们的创业项目。1967—1986 年，杜邦公司设立了 85 个新方向的业务，带来了 280 亿美元的营业收入和 3.18 亿美元的利润。诺基亚在 1998 年设立了能在 4～5 年内带来 5 亿英镑潜在营业收入的新风险投资。早期在 WAP 商用化上的成功，让诺基亚成长为世界领先的移动电话厂商。东芝之所以能够创造和发展笔记本电脑，源于其远见、坚持和日本公司内部创业者追求卓越的精神。

组织内部创业行为的元素

　　组织内部创业行为的三个主要元素如图 2 - 1 所示：（1）机会识别；（2）机会推进；（3）机会渴望和动机。机会识别是组织或管理者对做出改变或发展新事物所需要的前提条件的认知。机会识别是激活创业过程的催化剂，这一过程涉及非受限的关系和网络、广泛的消息来源、有权接触必要的信息，以及能够获得必要的资源进行决策达到预期结果。在创业驱动的组织里，整个组织中的个体不仅相信自己应该创新，同时也获得组织的鼓励和允许。

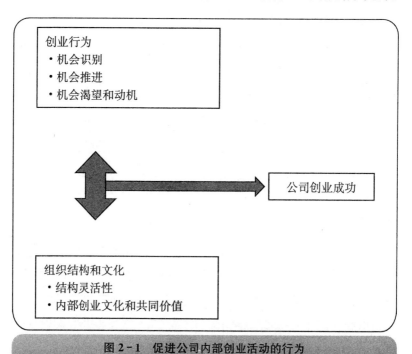

图 2 - 1　促进公司内部创业活动的行为

常见的活动包括允许同高层人员交往、连接组织内外正式或非正式的关系网络、获取指定任务的相关信息以及自主识别公司内部创业机会。

机会推进是组织和管理人员寻求采纳变革的途径。促成变革的两个途径是对假设进行提问和组织的指引，即管理人员扮演教练的角色而不是监管的角色。当组织中的雇员相信并得到支持，能够对组织中的其他雇员做出挑战，他们才能够承担在组织内部推进机会的角色。机会推进依靠个体自身的力量不一定能够达成预期，它依赖于恰当的奖励和激励系统。

机会渴望和动机涉及追求机会的整体意愿。奖励会增加个体参与创业行为的动机，对雇员成就的奖励不应局限于有形的财务奖励，也应包括认可、反馈和有意义的工作。提升组织绩效的努力某种程度上取决于成功地对雇员成效的奖励和激励能力。一个能够激发创业活动的高效的奖励系统应该考虑到目标、反馈、强调个体职责以及结果导向。

能够识别和推进机会、拥有追逐它们的渴望和动机、能够得到奖励的创业氛围在成功创业的企业中得到很好的验证，如3M、杜邦、通用电气、惠普、IBM、朗讯、微软、诺基亚和东芝等。

创业文化

推动机会识别、有利的机会推进手段、渴望创业的公司文化为公司内部创业提供了良好的环境。这种文化孕育出了通过创新和创造力达成期望目标的管理者。这些管理者挑战员工以探索新的途径改善做事的方式，通过多种指标评估绩效，接受风险和错误，提倡灵活的和流动的组织结构，以此弱化官僚机构，并最大化组织的灵活性，以对组织战略实现的贡献来评价创新。

创业组织行为的发展

表 2-1 显示了有助于提升创业行动的行为、结构和文化（机会识别、机会推进、机会渴望和动机）。要创造适合创业的组织结构，需要从官僚化向去中心化的有机结构转变，这会提供更高的自由度和适应性，以及自我监管和自治。

有助于公司内部创业行为的组织结构和文化具有如下特征：

● 能够同各个层次的管理者沟通组织发展的愿景。

● 通过采取扁平化结构来摒弃官僚主义，将控制和决策权下放给各个层次的专业人员。

● 为团队工作文化和参与型管理模式提供便利。

● 建立支持、鼓励追求独特创新以实现组织愿景的系统。

● 在运用资源和进行活动时保持高标准和价值原则。

● 强调名誉、信任和相互依赖。

● 在承担预计风险下推动和大力激发雇员的创新和创造性。

● 提倡基于支持、便利、培训和发展的绩效评估手段。

● 挑战个体构建技能、发挥创造性。

● 聚焦于过程而不仅是最终结果。

表 2 - 1　　　　　　　　　　在组织中发展创业行为

机会识别： • 激活 • 时间框架 • 关键关注点	组织胜任能力： • 积极寻找变化 • 长期导向 • 为内部创业成功做出结构和文化改变 个体胜任能力： • 主动驱动和动机 • 未来导向 • 基于过去行为进行革新
机会推进： • 结构 • 人力资源 • 领导力	组织胜任能力： • 简明的、清晰的结构变化 • 应对变化、招聘、激励、培训和发展的高效的人力资源政策 • 环境扫描 个体胜任能力： • 适应和拥抱改变 • 追求卓越的驱动和动机 • 适当的冒险并聚焦于进步的创新机会
机会渴望和动机 • 有动力和渴望做出改变 • 成就驱动 • 内生和外生的动机	组织胜任能力： • 驱动改变 • 长期策略适应变化 • 聚焦和目标导向 个体胜任能力： • 个体对变化的渴望 • 克服过往的顾虑 • 聚焦并受到成功的驱动

公司内部创业发展的组织能力包括：

• 长期结构变革；

• 战略性人力资源变更政策；

• 招聘、选择、培训、发展和重新部署方面的变更；

- 组织文化的变革；

- 对变革的渴望和支持；

- 环境扫描；

- 有挑战性的工作机会；

创业发展的个体胜任力包括：

- 驱动力、热情和改变的动机；

- 成就驱动；

- 未来和变革导向；

- 挑战过去；

- 聚焦机会以追求卓越；

- 创新和创造性地运用核心能力；

- 一定的风险承受能力和前瞻性。

对于一个要提升绩效的组织，它需要开发有助于和支持这些创业行为的文化和组织结构。这类文化的作用在领先的内部创业公司中得到印证，比如 3M、通用电气、朗讯、微软、诺基亚和东芝等。

小　结

创新和创造力是公司创业行为的基础。公司内部创业者创造出创新和创造性方案以解决组织面临的一系列问题和挑战。公司内部创业行为会以多种方式出现，它们有着共同的行为属性，比如理性冒险、内生驱动、对控制的内在关注、渴望成就与认可等，不一而足。

为今天的效益和明天的创新创造合适的组织是一大挑战。公司需要在战略、结构、文化、人员和流程等方面充分打造内在的多元性，这有利于组织各个层面上的各种创新活动。

公司内部创业不仅仅是开展创业活动，它要求管理层、参与人、团队之间的恰当互动，组织正是通过团队合作来培育同外部环境相适应的战略、组织结构、文化和系统。对于要在动态环境中发展和成长的组织，既需要勇于创业的个体，又需要恰当的战略、组织结构以及支持和促进创业行为的文化。

03

理解和管理创业过程

一个大型的成熟公司该如何管理员工的创业精神？管理人员和公司内部创业者在决策制定过程上有哪些不同？管理者如何利用其内部创业活动改变公司的固有文化？

谷歌公司的内部创业

谷歌的故事要从谢尔盖·布林在斯坦福求学时说起。当时拉里·佩奇正在考虑是否到斯坦福读书，布林被指派带拉里·佩奇逛校园，两人因此相识。初次见面，两人对几乎所有事情都持异见，但一年之后，两人合作编写出了搜索引擎。1997 年，他们将自己的公司命名为 Google，即数字 1 后面跟 100 个零的"googol"变体。

谷歌也许是创业史上成长速度最快的公司。1998 年 12 月，在布林和佩奇一起工作仅仅一年后，*PC*杂志将 Google 列为 1998 年排名前 100 的网站。该杂志认为，谷歌以其"极度相关的搜索结果"获得了杰出的成就。1999 年 2 月，谷歌最早的 8 位员工离开了最初的车库办公室，搬往帕洛阿尔托，同年 8 月搬到了硅谷。2000 年，谷歌的搜索引擎支持 13 种语言，同年谷歌投放了另一个产品 Googel Adwords，该产品使得大小公司能够在线对潜在客户投放广告，并按点击量付费。2000 年 11 月，谷歌推出了 Google Analytics，该工具能够帮助公司衡量它的 Adwords 宣传效果及自身网站的效益。Adwrods 帮助谷歌在 2006—2008 年实现了利润从 63 亿美元到 131 亿美元的翻倍增长。

2001 年谷歌支持 26 种语言，用户可以在线搜索 30 亿篇文档。2002 年初，谷歌支持的语言上升至 72 种（包括克林贡语[①]）。2003 年 1 月，美国方言协会宣布"Google"是 2002 年最常用的词汇。到了 2004 年初，谷歌搜索链接了 60 亿个节点，总部也搬到了巨大的能提供类似于校园环境的新场所。在这期间，本地搜索引擎 Google Places 发布，允许用户迅速定位到本地服务。谷歌的地图项目启动于 2005 年初，当年 4 月份，谷歌通过同步卫星为客户提供导航服务。实际上，该功能不仅能够在电脑上运行，在移动设备上也可以运行。突然间，用户能够通过 SMS 获得路线信息。

谷歌早些时候创立了允许所有雇员将 20％的时间用于私人项目的政策。这也是典型的对失败不予惩罚，并将其视为创新过程中正常现象的政策。例如，保罗·布切特在 2001 年运用其 20％

---

① 克林贡语是电影《星际迷航》中所使用的人造语言。——译者注

的时间开发了 Gmail，为了吸引用户，谷歌的员工决定将该邮箱定位为为创新而生的项目，新用户必须得到老用户的邀请才能使用。最初，这个巧妙的想法使得用户感受到自己是特殊群体的一员，到 2008 年 9 月，Gmail 有了 2 600 万名用户，并在 2009 年超过了 Hotmail 的用户数量。创新仍未止步，2006 年 Google Chat 亮相，用户可以在登录 Gmail 后实现在线交流。

截至 2009 年 7 月，谷歌开发的项目和发明包括谷歌语音、谷歌地球（在 iPhone 和 iPod 等移动设备上可用）、谷歌翻译（41 种语言互译）、谷歌书籍搜索、OpenSocial、Google Romance、Google Docs、Google Finance、Picasa、Google Reader、Google Scholar、Google Chrome 以及 Froogle，这些项目和发明主要是由谷歌的员工开发的。2006 年 6 月，"Google"成了牛津字典官方认可的词汇。

在谷歌发展的历程中，公司一直保持着开放友好的氛围，员工可以带宠物进办公室、可以参与厨艺比赛，公司为深造提供奖学金，愚人节的恶作剧也成为传统。公司深知对人和项目投资的重要性，并与用户保持紧密的联系。2005 年谷歌上线了旨在对学生进行计算机科学教育的系列项目，比如编程之夏，要求参与者编写代码挑战技术问题，解决诸如开发和认证问题。另一个要求参与者追踪 Gmail 如何在世界范围内传播的活动，收到了来自 65 个国家和地区的 1 100 个精彩的视频回复。2002 年 10 月，谷歌开始了首个编程挑战赛，参赛者需要用 Java、C++、C♯ 或者 VB. NE 来解决复杂的问题。比赛的目标是找到最好的程序员来重写世界信息基础架构。编程比赛 2006 年 1 月在中国举行，吸引了 13 000 名参赛者；2010 年 1 月在欧洲举行，有超过 10 000 名参赛者参加。这些比赛持续地为谷歌过往的编程难题提供高效的解决方案，并提供教育目的的在线答案。

谷歌公司在2004年以每股85美元的发行价上市，到2008年5月，股价达到580美元。由于2009年的经济危机，其股价最低曾降至400美元。优秀的内部创业环境是谷歌股价实现巨大涨幅的主要原因。在这种环境下，大部分的产品和发明来自于其授权的创业型员工。2009年，谷歌着手考虑重建流程以促进创新想法的流动。

2009年3月成立的谷歌风险投资，旨在遵循风险投资公司的战略和技术，并融合谷歌的技术专长，以鼓励进一步的创新。成立首年，谷歌风险投资项目大约投资1亿美元，支持谷歌现存的公司内部创业者和外部科技公司。其对项目最重要的考量是预期的投资回报而不是战略决策，聚焦的特定行业包括消费互联网、软件、硬件、清洁能源、生物科技和健康保障。目标是找到使用创造性和创新性的方法解决问题的企业，并进行投资。

谷歌风险投资网站用友好和口语化的语言，十分简洁，仅有4页。谷歌风险投资专注种子阶段、早期阶段的初创企业。最早的投资组合是Pixazza, Inc.和Silver Spring Networks。Pixazza是一家成立于2008年的将静态图像转变为互动内容的公司。Silver Spring Networks是一家提供实时网络服务的公司，能够让包括能源在内的公用事业使用"智能测量"来提升其业务的效率、可靠性和客户服务质量。

总而言之，谷歌希望能够在未来持续创新并抓住下一个大机遇。

创业过程

就像谷歌的案例中所指出的那样，组织的兴趣在于创造一种
环境，使所有员工像创业者一样行动，并且寻求在组织内部建立
良好的创业过程。现有公司建立创业企业遵循一般的创业过程，
涉及解决超出常规管理问题的范畴。该过程有四个显著的阶段：
(1) 识别和评估机会；(2) 开发商业计划书；(3) 确定资源需
求；(4) 启动和管理公司 (见图 3-1)。尽管这些阶段依次开展，
但是没有一个阶段是独立地进行，或者在下一阶段之前彻底完
成，而是需要不断地交互验证和循环迭代。

识别和评估机会	开发商业计划书	确定资源需求	启动和管理公司
• 机会显现和存续时间	• 标题页	• 创业者现有资源	• 公司开办
• 机会的现实和潜在价值	• 内容目录	• 资源缺口以及可能的提供者	• 管理风格
• 机会的风险和回报	• 执行摘要	• 获取必要的资源	• 理解成功的关键因素
• 机会与个人技能及目标是否匹配	• 业务描述		• 识别潜在问题
• 竞争环境	• 产业描述		• 有效的控制系统
	• 营销计划		• 制定成长战略
	• 财务计划		
	• 生产（外包）计划		
	• 组织计划		
	• 运营计划		
	• 总结		

图 3-1　创业过程

识别和评估机会

机会的识别和评估是一项非常艰巨的任务。绝大多数好的商业机遇不是突然出现的，它们往往源自公司内部创业者对于机会和客户潜在需求的敏锐感知，或者如谷歌公司通过设立与风险投资类似的成熟机制来识别潜在机会。

尽管绝大部分公司内部创业者没有正式的机制用于识别商业机会，但多数企业还是存在很多富有成效的用于识别商业机会的资源，如客户和商业伙伴、渠道商以及技术专家。一般来说，客户是创意的最好来源。你是不是经常听到"要是有一个产品能……"这种评论，它们往往能触发新业务的诞生。例如，公司内部的一个创业者对"业务主管们为什么总是抱怨技术性写作和文字处理服务"进行评估后，建立了一个新的业务单元来满足这种需求。

由于同终端客户保持了紧密的联系，供应链中的渠道商也能够看到客户对产品的需求。许多公司内部创业者通过和零售商、批发商交流来识别商业机会。

最后，技术导向的个体通常在从事其他项目时产生了商业机会的灵感。例如，一个公司里用树脂给装饰盒子铸模的员工发现了塑料合成树脂的新用途——开发和制造新型货运托盘，这一灵感让该员工成为公司新业务的创业者。

无论识别出的机会来自于客户、商业伙伴、渠道成员或者公司组织的竞赛活动（如谷歌的编程挑战赛），还是技术专家，每一个机会必须得到仔细筛选和评估。对机会的评估也许是创业过程中最关键的部分，因为它能让公司内部创业者评估、比较该产品/服务的回报与所需资源是否匹配。像图 3 - 1 中显示的那样，评估流程包括考察机会的存续时间（机会的窗口期）、现实的和潜在的价值、风险和回报、公司创业者的个人技能和目标是否与机会相匹配，以及该机会在竞争环境中的独特和差异化优势。

市场规模和机会的窗口期是决定风险和回报的基础。风险反映了市场、竞争、技术以及投入的资本数量。例如，一家为客户提供用于覆盖树丛根部的装饰树皮的公司，将土肥和贝壳加入它的产品线。这些产品（称为后续产品）可以通过现有的渠道（配送）系统销售给同样的客户群。后续产品是公司通过既有渠道进行扩展或多元化的重要方式。

最终，机会必须与公司内部创业者的个人技能和目标相匹配。这是因为公司内部创业者自愿投入充分的时间和不懈的努力是创业项目成功的关键。同时，公司内部创业者要对机会抱有信心，并且能够为开发机会做出牺牲。

机会分析，或者我们常说的机会评估计划，是评估机会的一种方法，第 5 章将会对其进行讨论。

开发商业计划书

一个好的商业计划书应该能够抓住和利用机会。开发商业计划书是创业过程中非常耗时的阶段。公司内部创业者往往缺乏制定商业计划书的经验，也没有相关资源来很好地完成该项任务。商业计划书是第 9 章的重点。一个好的商业计划书对于拓展机会、确定及获取相关资源至关重要。

确定资源需求

机会所需的资源也应得到确认。关键资源和辅助性资源要进行区分。不能低估资源需求的量级和多样性。不充足或不合适的资源带来的下行风险也要得到充分估计,换句话讲——做好最坏的打算。

启动和管理公司

在获取资源后,公司内部创业者应当运用它们来实施商业计划。成功地开办一个新创企业往往十分困难,设立控制系统来快速识别问题和解决问题是非常有必要的。

管理决策与创业决策

管理决策和创业决策的不同可以从 5 个商业维度上进行比较:战略导向、机会承诺、资源投入、资源控制以及管理结构。

战略导向

公司内部创业的战略导向依赖于对机会的感知,在机会因科技、消费经济、社会价值或者政治规则的快速变化而出现回报下降的情况下,机会的战略导向变得尤为重要。在创业战略导向涉及运用计划系统和定量绩效来控制资源的情况下,现有的行政管理体系依然是可行的,不会与其发生冲突。

机会承诺

第二个关键的区分维度是机会承诺。从机会承诺的角度看，公司现有的管理体系与机会承诺体系在承诺期限上有显著区别。创业机会承诺体系面临快速行动、不断调整的短期决策、承担风险的意愿和很少的支持者等压力，这就产生了较短的机会承诺时间。管理决策系统不仅对机会响应缓慢，而且一旦行动决策被高层确定下来，承诺通常会持续较长时间，与机会承诺的需求相比很多情况下承诺时间过长。往往缺乏成熟的机制来终止或者重新评估最初的资源承诺。

资源投入

公司内部创业者往往基于特定任务或目标的完成周期来进行资源投入，这有助于公司内部创业者最大化利用资源以达成高效率。创业通常采用的分阶段投入承诺允许资源提供者（例如风险资本和私人投资者）在新创业务发展的每个阶段尽可能保持最小的风险暴露，并且持续监测公司每个阶段的运营状况。虽然在管理决策领域也可能会采用分阶段的方式进行资金投入，但资源承诺一般是按照项目计划期的整体需要估算出的，而不会根据项目价值的发展变化做出动态调整。管理人员通常根据收到的奖励和奖励来源来行动，这些通常是依据他们管理所掌控的资源效率而非内部创业者的创业目的需要做出的。

资源控制

对资源的控制遵从相似的形式。由于管理人员会因高效的资源管理得到奖赏，他们常常有动力去获取或者积累尽可能多的资源。来自权力、地位和经济回报的压力使得管理人员会尽力避免出借资源或者其他人对资源的周期性使用。与之相反，公司内部创业者面临资源不足、机会荒废、灵活多变的资源需要等风险的压力，往往以需求而不是控制为目的，更愿意租借或者定期地使用所需资源。

管理结构

最后的比较维度是管理结构，也分为截然不同的两个领域。在管理领域，组织结构本质上是程序化并且等级分明的，反映了对于清晰的监管和权责链条的需要。但是公司内部创业者往往基于对自由的渴望，尽量雇用较少员工，通常采用扁平的组织结构，并与外界保持非正式的联系。

关注公司内部创业

公司内部创业系统和管理体系的差异导致公司内部创业吸引了越来越多的关注，这种兴趣的增加主要是由于社会、文化和商业层面上的一系列变化。在社会层面上，"做自己的事"和"以自己的方式做事"越来越有吸引力。对自身天赋具有极大信心的个体，总是渴望从事具有风险和挑战的事情。他们想要承担责任，渴望自我表达，追求自由工作的环境。当环境不能提供这些时，沮丧情绪会让个体变得低效，甚至选择离开组织，去别处寻找自我实现。对于个人价值的寻求以及内心的焦躁，导致这些人对结构化的组织产生不满。公司内部创业——在当前组织中发展创业精神——是一种方法，这种方法能够激励和利用组织中现有的人员，这些人认为可以采取不同于企业现有的方式把事情做得更好，正如谷歌公司成功的企业风险投资项目那样。

绝大部分人认为，施乐是一家官僚主义的《财富》100强公司。然而现在施乐公司已经做了一些与众不同的事情，努力确保公司里有创造力的雇员不会离职去创办自己的公司，正如乔布斯创办苹果公司那样。1989年，施乐公司设立施乐科技创投（XTV），希望投资公司里有前景的技术以创造新的利润，否则其中的很多技术都可能被公司视而不见。XTV的主席罗伯特·亚当斯提到，施乐通过设立"防止技术外泄的系统"来避免历史错误再次发生。

该基金资助了许多像Quad Mark那样的初创企业，Quad Mark源于丹尼斯·施塔姆勒的创意，施塔姆勒是一位已经在施乐工作了25年的雇员。他的创意是发明一个由电池驱动的普通复印机，该复印机能够与笔记本电脑一道装进公文包。该项目历时10年，仍未得到施乐运营委员会的批准，是XTV和中国台湾的先进科学公司资助了该项目。跟所有XTV资助的公司一样，创始人和关键员工拥有公司20％的股份。这为像施塔姆勒这样的员工冒险离开施乐去创办技术创业企业提供了激励。

XTV同其母公司施乐分享财务和非财务两方面的利益。其资助的公司在母公司、创始人和员工间分配利润。现在施乐的管理层也对员工的想法和公司内部技术给予更多的关注。XTV是成功的吗？如果仅复制上述指标的话，那么它可以算作成功的。XTV的理念中包含一个风险因素，即去创建新创企业的雇员一旦失败，公司不保证为其提供一个管理岗位。这使得XTV不同于绝大多数公司创办的新创企业。这种风险特性和不保障就业的规则也是 AT&T 风险投资的基础。

施乐意识到的问题也是很多其他组织的高管们注意到的问题：一个组织的创业精神是该组织创新和发展的关键。在大型的组织机构中，阻碍创造和创新的问题经常发生，尤其是当创新与组织的主要使命不直接相关时更容易发生。

创业精神带来的灵活性和创造性对公司未来的成长和多元化发展至关重要。公司内部创业成功与否既是组织内部创业活动强度的外在表现，也是公司高层导向的结果。这些公司内部创业努力程度表现在如下四种活动中：新创业务、创新性、自我革新和前瞻性战略。

新创业务（有时也称公司创业）指的是在现有的组织机构中创建新的业务。这些创业活动包括重新定义公司现有的产品/服务、开拓新市场，或者成立更加自主或者半自主的业务单元来创造价值。新创企业的成立是公司内部创业最显著的成果。

第二个重要的创业成果是组织创新性，指的是着眼于科技创新的产品和服务创新。它包含新产品开发、产品改进以及新的生产方式和流程。

自我革新通过革新最基础的核心理念来实现组织的变革。它有着战略的和组织变革的内涵，包括对商业观念的再定义、组织重构和引入系统层面的变革来促进创新。

前瞻性指的是进行首创和冒险，尤其反映在高层的激进、大胆的导向和行为上。一个前瞻性的组织倾向于承担风险、进行尝试以及大胆和激进地追逐机会。有前瞻精神的组织在核心的商业领域，比如新产品和服务、运营技术、管理技巧等方面都力争做领导者而不是跟随者。

传统管理文化与创业文化

商业和社会条件的变化产生了新的商业纪元：创业者时代。这些由创业者精神驱动的规模小、积极进取的公司正在开发各种新产品，成为特定市场中的主导因素。认识到部分雇员的"创业热"带来的利好之后，许多公司正试图在自身组织创业精神的建设中，创造相同的精神内核、文化、挑战和奖励。公司管理文化和创业文化的区别是什么？管理人员、个人创业者和公司内部创业者的区别又是什么？

典型的公司管理文化有倾向于保守的决策环境和奖励系统。这种系统强调收集大量的数据，并基于数据做出理性的决策，然后再基于数据对决策效果进行评价。有风险的决策则被推迟到能够收集足够事实的时候再进行，或者雇用顾问来"指明前路"。管理文化通常认为谨慎比新机会更重要，因为错误的尝试会影响整个公司或者个人的职业生涯。通常来说，大型项目有着繁复审批流程，以至于个体的责任意识不强。一些公司文化强调从上至下的漏斗形的决策制定过程和等级结构。少有组织有能力和责任感来创造创业型变革。

传统的公司文化和公司内部创业文化大相径庭。传统的公司文化中的指导准则包括：遵从上层下达的指令，不要犯错误，不要失败和不要擅作主张，完成自己应该做的事情，以及避免承担直接的责任来明哲保身。这样的环境，无法与强调创造性、灵活性、独立性、自主性和承担风险等公司内部创业的指导原则相融合。不过，这种环境确实有益于提升现有资源的利用效率。

两种文化在价值观和规则上也有区别。传统公司本质上是等级结构，有既定的流程、汇报系统、监管链条，以及责任、指导和控制系统。它们能够支持现有的公司文化，但是不能激励新产品、新服务或者新创企业的产生。创业公司的文化则同这种模式形成了鲜明的对比。有别于等级结构，公司内部创业环境是一种鼓励沟通交流、团队合作、志愿活动和导师活动的扁平的、流动的组织结构。紧密的工作关系帮助建立互信的氛围，这有利于实现远景和目标。任务被看成一种乐趣，是自己的义务而不是困扰，参与者会乐于投入时间来完成工作。个体能够跨职责区域和部门提建议，而不是构筑边界来保护自己的领地，这样能够交互地培育创意。这些方法同时能够创造内部竞争环境，这种环境下边界仍然以项目和职责划分的形式存在，相互竞争以创造下一个最佳创意，就像微软的文化一样。

这两种文化产生和雇用不同类型的个体，并带来不同的管理风格。对传统管理人员、个人创业者和公司内部创业者的对比显示了这些差异（见表3-1）。传统管理人员受到晋升和典型的公司报酬方案的激励，个人创业者和公司内部创业者的发展则依赖于独立性和创造能力。

管理人员、个人创业者和公司内部创业者三个群体有不同的时间导向，管理人员看重短期成效，个人创业者看重长期成效，公司内部创业者则介于两者之间。类似地，在基本的行动模式方面，公司内部创业者也处于管理人员的获授活动和创业者的完全自主之间。公司内部创业者和个人创业者是一定程度上的冒险者，而管理人员对于承担风险更加谨慎，保护自己的职业生涯和职位是传统管理人员的生存之道，高风险的活动是他们努力避免的。

传统管理人员倾向于关注组织中更高层的意见，个人创业者对自己和客户负责，公司内部创业者则又增加了发起人的角色，这是上述三种人群对不同的环境背景的直接反应。有别于个人创业者和公司内部创业者与周围的人建立牢固关系，管理人员倾向于公开遵守企业组织结构图限定的等级关系。

表 3 – 1　　传统管理人员、个人创业者和公司内部创业者

	传统管理人员	个人创业者	公司内部创业者
主要动机	晋升以及其他传统的公司奖励，比如办公室、下属和权力	独立，进行创造的机会，金钱	独立性以及在公司奖励体系中的提升
时间导向	短期，满足配额和预算，周度、月度、季度以及年度规划周期	生存以及实现5～10年的业务增长	介于个人创业者和传统管理人员之间，有赖于满足自定义的和公司制定的时间表
行动	授权和监督多过直接参与	直接参与	直接参与多于授权
风险	谨慎	适度的冒险	适度的冒险
地位	关注象征性地位	不关注象征性地位	不关注传统的象征性地位；渴望自主
失败和犯错	试图避免失败和意外	通过决策来追随梦想	能够调动人力来协助实现梦想
对谁负责	其他人	自己和客户	自己、客户和赞助人
与他人的关系	等级是关系的基础	交易和业务是关系的基础	等级内交易

资料来源：G. Pinchot，Intrapreneurship，New York：Harper&Row，1985，pp. 54 – 56. 有改动。

公司创业的要素

尽管组织之间在公司内部创业的各个方面都可能存在显著的差异，但影响最显著的四个方面如公式所示：

$$L=I+O+C^2$$

式中：L——公司内部创业的水准；

I——创新；

O——主人翁精神；

C——创造力/变革。

我们将按顺序对创新、主人翁精神、创造力和变革四个方面进行讨论。

创　新

正如第 2 章讨论的那样，尽管在公司高层的演讲中都高度强调创新的价值和企业的中心工作，并为创新投入大量的资金，但只有少数组织对创新的投资回报感到十分满意。根据波士顿咨询公司对全球超过 3 000 个执行官的公司创新调查报告，创新的地位处于组织的最高或接近最高优先日程，43％的受访者将其视为最重要的三个战略之一，23％的受访者认为创新有最高的优先级。

虽然创新的优先级非常高，但对于其回报的满意度却一路下滑，从 2006 年的 56％降至 2007 年的 46％，直至 2008 年的 43％。对创新投资回报的不满直接导致对创新投入的下降，与

2005 年的投入总量相比，2006 年下降到 72%，2007 年下降到 67%，2008 年下降到 63%。

对于创新投入回报的不满出现在各个行业的各种规模的公司中。许多因素导致了低回报，比如没有创业文化、对风险的规避、没有能力正确地进行商业化、内部协作匮乏、从创意到市场发布周期太长等（第 5 章将详细讨论）、没有能力把组织中的"最佳实践"运用到新的创意上，以及总是想要一鸣惊人。追求一鸣惊人的想法反映了管理层对于创业成功率的错误认识，风险投资的统计显示，在每 10 个投资中有 1 个会取得巨大成功，2 个取得小的成功，4 个会处于奄奄一息的状态（在这种情况下投资者一旦能够收回成本便会撤出），剩下的 3 个则会失败。

对于这种现象的理解，涉及第 2 章提及的不同创新类型的特点。如图 3-2 显示的那样，大部分创新事件是一般创新，在现状的基础上做出细微的改进，例如改进产品的外观、口味或者性能，甚至是包装。另一类经常发生的创新是技术创新，这些创新体现在新产品相较市场现有产品有技术上的进步，这些创新通常受到专利或者版权的保护。巨大的成功则来自于突破式创新，这类创新数量很少但会给市场带来剧烈的变革。个人电脑、移动电话、社交网络和互联网都是无可争议的突破式创新。组织的管理人员需要管理好期望值，并意识到虽然突破式创新是可能的，并且能够带来决定性的胜利，但绝大多数的创新事件都是技术创新和一般创新，这些创新同样能够创造可观的经济利益。

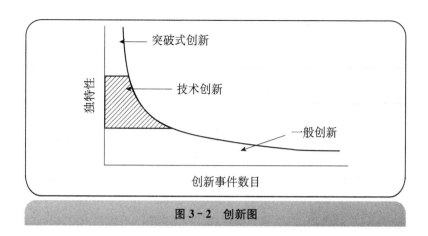

图 3-2　创新图

主人翁精神

主人翁精神是公司内部创业成败的基础，反映了组织的整体环境和文化。在某种意义上，主人翁精神意味着拥有感、对自身工作的责任感、高效地完成工作的动力以及对工作的高度热忱。

良好的公司内部创业环境的总体特征是鼓励主人翁精神的出现。激发主人翁精神出现的因素归纳如下：第一，需要确保组织运行在科技前沿。由于研究和开发是新产品创意的关键源泉，公司必须运行在产业技术前沿，鼓励和支持新的创意。许多公司经常要求创业项目获得快速的投资回报和高速的销售成长，这往往适得其反，会打击新的创意。

公司内部创业环境

● 组织处于科技前沿

● 鼓励新创意

● 鼓励试错

- 宽容失败
- 不对机会设限
- 资源保障
- 跨学科团队
- 长期视野
- 志愿计划
- 恰当的奖励体系
- 配备项目保障人（Sponsor）和斗士（Champions）
- 高层的支持

第二，试验及试错应该受到鼓励。成功的新产品或服务往往不是一开发出来就很完美，它的迭代需要时间和投入。第一台畅销的个人电脑就是在花费了大量的时间，经历了无数个失败的产品后才诞生的。一个公司想要形成良好的创业文化，需要建立一个能够容忍研发创新产品过程中的错误、宽容失败的环境。公司内部创业过程中的失败，应该更多地被视为创造成功的创新产品的间接投资。这与传统组织中现存的晋升和激励系统相悖。然而，如果组织中没有试错的机会，则很难建立起公司内部创业。几乎所有的创业者在成功之前都会经历至少一次失败。

第三，组织应当确保没有对机会设限，因为这会有损于新产品开发中的创新性。通常在组织中，各种"领地"得到保护，使得公司内部创业者创建新创企业的尝试受到阻碍。某《财富》500强企业企图建立公司创业环境，但遇到问题并最终失败，当时一个公司内部创业者提出一个新产品打算在内部创业，但被告知新产品隶属于公司另一个部门，创业项目被否定。

第四，相关的资源要能够并且易于获取，这样公司内部创业者便能得到公司的有效支持。正如一位公司内部创业者所言：
"如果我的公司真的想让我投入时间、精力和职业生涯到创建新
创企业中，公司应当准备好资金和人力资源。"大部分情况下，
本就不充足的基金不是被投入到新产品，而是用于解决能够立刻
见效的问题上。像施乐、3M 和 AT&T 这样的公司意识到了问
题，设立了独立的风险投资机构，投资内部和外部的新创企业。
这个问题将会在第 11 章中继续讨论。当然，有时即使资源是可
以申请的，但是烦琐的报告要求也会成为创新的阻碍。

第五，公司需要鼓励多元化的团队方案。这是一种开放的方
法，团队成员应根据需要来定，而不考虑他们目前所在的职能部
门，这与典型的公司组织结构截然不同。对公司内部创业成功案
例的分析显示，成功的一个关键因素就是存在包含各类相关人员
的团队。创建新创企业需要的团队更加复杂，个人在组织中的晋
升依据的是目前职位上的表现，而不是依据他对将要创立的企业
的贡献。

除了鼓励团队工作，创业环境必须建立长期视角，以长远的
眼光评估创业项目整体以及单个新创企业的成功与否。公司对待
金钱的耐心态度，与风险投资或其他投资创业企业的机构对投资
回报期的要求没有什么差异。

第六，公司内部创业精神不能强加于个体，只能培育并基于
自愿。公司管理思维和创业思维之间存在差异，部分个体可能在
一个极端的表现明显胜过另一个极端。多数公司管理人员不具备
成为成功的公司创业者的才能，另一些则仅需要给予机会和完成
项目给予合理奖励。

第七，奖励系统。公司内部创业者应当得到恰当的奖励，这

应与其在创建新创企业时付出的精力、努力和承担的风险相匹配。奖励标准应当基于达成的绩效目标，这会在本书第 10 章予以讨论。

第八，有益于公司内部创业的环境通常在组织范围内配置项目保障人和斗士，他们不仅为创造性活动提供支持，并且制定灵活的计划去调整项目的目标和发展方向。

第九，也许是最重要的，公司创业活动必须得到管理高层真心的支持和欢迎，不仅表现在他们亲自过问，还要体现在他们对于项目人力和财务资源的保障上。没有高层管理者的支持，不可能打造出成功的创业环境。

创造力

公司内部创业成功的第三个方面是创造力。如第 2 章讨论的，创造力是将独特的和原创的构思转换为现实的能力，它非常重要，但很多组织都缺乏这种能力。下面将讨论最常用的 8 种具有创造性的问题解决方法。

创造性的问题解决方法

- 头脑风暴
- 逆向头脑风暴
- 检核表法
- 自由联想法
- 集合笔记本法
- 特性清单法
- 梦想法

● 参数分析法

头脑风暴

头脑风暴也许是最广为知晓，广泛应用于创造性地解决问题，产生创意的方法。头脑风暴能够在规定的时间内，通过参与者的贡献产生出解决问题的想法。一个好的头脑风暴从好的问题开始，问题不应过于宽泛（否则会带来过于发散的创意，最终无法切中要害）或狭隘（否则回复会过于局限）。当问题确定之后，选择 6～12 位成员参与。成员之间最好有较大差异，这样能够为头脑风暴提供更广阔的价值和见解。为了避免影响创意的提出，组员中不应该有公认的专家。不管多么不合理的意见都要记录下来，参与者在头脑风暴进程中不允许对他人提出的创意进行批评和评价。考虑到这点，相关上级也应该回避以减少成员的顾虑。

逆向头脑风暴

逆向头脑风暴与头脑风暴相似，但是允许批评。实际上，该方法通过问问题来找出缺陷，如"这个方案在多少种情况下会失败？"因为焦点放在产品、服务和创意的负面影响上，小组的整体氛围应该得到格外重视。逆向头脑风暴在其他方法之前实施，能够取得较好的效果。逆向头脑风暴通常先识别出创意中可能出问题的方方面面，随后讨论出解决方案。逆向头脑风暴经常能够取得较好的结果，因为对创意做批判总是比提出新创意简单。

检核表法

检核表法，即通过相关问题和建议的清单讨论实现新创意开发。公司内部创业者能够利用特定问题和陈述清单，引导全新的创意或者特定领域创意的产生。清单的形式和长度都没有限定，典型的检核清单如下：

- 用作他途？新的用途？改进以用作他途？

- 应用？有类似的产品么？有其他的启发么？之前是否有其他的机会？什么是能借鉴的？同谁竞争？

- 调整？新的方向？改变内容、颜色、动作、气味、形式、形状？其他改变？

- 放大？增加什么？更多时间？更高频率？更结实？更大？更厚？额外价值？增加元素？增加冗余？多层？夸大？

- 缩减？有无替代者？更小？更高密度？微缩？更低？更短？更轻？忽略掉？流线型？分割？低估？

- 替代？还有备选么？备选是什么？其他的要素？其他的材料？其他的流程？其他电源？其他的位置？其他的方式？其他的音调？

- 重新安排？内部结构调整？其他模式？其他布局？其他顺序？因果倒置？改变路径？改变日程？

- 逆向？正反倒置？反面翻上？上面翻下？角色倒置？转盘？

- 组合？混合、融合、归类？合并业务单元？合并目标？合并需求？合并创意？

自由联想法

公司内部创业者用来产生新创意的最简单有效的一个方法就是自由联想法。这一方法在创造针对问题的全新方法时尤为有效。首先，写下相关的一个单词或短语，后续的每个人都给目前的思考流程增添新的内容，这样便创造出一个创意链条，直至关于新产品的创意出现。最好个体先独自进行自由联想，这样组员间的思路不会相互干扰，然后再进行群组自由组合。

集合笔记本法

集合笔记本法需要一个易于装进口袋的笔记本，笔记本中有关于问题的描述、空白页，以及相关的背景数据。参与者针对相关问题以及可能的解决方案展开思考，一天最好三次、最少一次记录想出的创意。这个技术也能够应用于一组分别记录自己创意的个体，在个体完成记录后将笔记本交给协调人，协调人总结所有材料，并将创意按出现频率进行排序。应当强调，将创意按重要性进行排序比按出现频率排序更加有益，因为人们一开始常常想到常规的创意，然后才逐步开发出有创造性和有价值的创意。最终以焦点小组讨论的方式进行总结。

特性清单法

特性清单法是发现创意的一种方法，要求公司内部创业者先列举出项目或者问题的属性，然后从不同的角度对这些属性或特征进行思考。通过这个过程，将原本不相关的对象聚集到一起，发现新的属性组合或新的用途，以更好地满足需求。

梦想法

梦想法指的是公司内部创业者通过设想问题及其解决方法来寻求创意。每种可能性都应当记录下来并认真考察，此时不要考虑可能的负面因素和资源需求。在发展出实用的创意前，成员应当被鼓励产生不受限的创业概念。

参数分析法

最后一个开发新创意的方法是参数分析法，该方法包括两个方面——参数识别和创造性综合。第一步（参数识别）包含对现状中的变量进行分析以决定它们的相对重要程度。这些变量成为调查的核心，其余的变量暂时搁置。在首要问题得到识别后，应当检查参数和潜在问题之间的关系。评估参数和关系，通过创造性综合方式创造出一个或多个解决方案。

变　革

　　公司内部创业者要在组织中获得成功，必须持续地允许和鼓励变革。组织的变革理论上是一系列小变革日积月累的结果。亚当·斯密在他的《道德情操论》中将变革视为"渐进的伟大"。人们更愿接受看起来和感受起来较缓慢的变革。新技术、战略、组织结构，以及迅猛的商业扩张源自小步的试验，这也是组织内部知识转移和持续实践带来的转变成果。

　　组织变革以渐进和集体的方式，而不是突发的形式发生，这种观点给管理者带来以下启示：一个创业型组织应当围绕核心业务的边缘，进行持续试验和改革。变革、发现以及革新是这类组织的基本特点。随着变革越来越显而易见，管理人员得到鼓励，可以对问题采用更具创造性的、更加个性化的方式，寻求新颖的解决方案。这带来了非凡的个人领导力和有新意、有创造性的决策。为了达到这种效果，可能需要淘汰掉一些既没有这些技能又不渴望发展这种软技能的管理人员。

　　接下来是施行组织变革的九步方案。这个步步为营的流程是科特开发的，它是一个改造组织的系统性方法。

九步法变革你的组织

1. 制造紧迫感

● 检查市场和竞争现状。

● 识别、讨论现实危机、潜在危机以及机会。

- 开发适当的指导原则和时间表。
- 必须在组织现有资源范围内得到实施。

2. 组建一个有力的指导团队

- 设立一个有足够权力来领导变革的小组。
- 鼓励和允许这个小组以团队形式工作。
- 将现有业务领导组成一个小组，小组应当能够执行和获得他人的支持，并且在不影响现有个人工作安排的情况下，为整个组织的目标工作。

3. 制定最终成果的愿景

- 创造愿景来指导变革工作。
- 开发战略计划（使命、目标、战略、策略）以达成愿景。

4. 愿景沟通

- 利用一切机会就新的愿景和战略进行沟通。
- 通过指导小组的行为做出榜样。
- 向全体人员实时通报目标的完成进度。

5. 选择带头人

- 选择引领改革的带头人。
- 带头人应当能够以有力的方式就愿景进行沟通。

6. 为愿景行动授权

- 避免变革的壁垒。
- 改变削弱愿景和有碍承担风险的系统。
- 给予各个层面的创新思考和实践以奖励。
- 使员工相信自身是对组织成功负责的一员。

7. 规划和制定短期成功目标

- 规划出可见的绩效提升。

- 给予绩效改进的员工以认可和超常奖励。
- 步步为营：赢得小的战斗，最终赢得整个战争。
- 为最终目标设定具体标识，奖励为成功添砖加瓦的员工。

8. 巩固进步并且不满足现状

- 乘胜追击，持续推进系统、结构和政治变革。
- 给予为愿景奋斗的员工以聘用、晋升和发展空间。
- 给予员工发起变革的机会。

9. 将新的方法制度化

- 明确表达新的行为方式和成功之间的联系。
- 发展新的途径确保领导力培养和持续。
- 规范化未来变革动议的流程。

前两步是形成紧迫感和建立强有力的指导联盟。当外部环境和竞争挑战尚未迫切要求变革时，组织就会关注短期回报，没有变革的动力，就不会自发地形成变革的时间框架。同时，如果领导团队没有足够的权力和威信，相关变革不可能得到实施。

领导小组应当建立愿景和战略计划（第三步），并用一切方法同组织成员进行沟通（第四步）。接着是识别和挑选责任人（第五步），克服障碍，创建新的合适的系统，奖励全部创新性思维（第六步）。接下来（第七步）就是尽可能保证变革初步取得成功，并带来可见的绩效提升。这会让挫折来临时易于应对。小步变革比激进变革更容易取得成功。最终，新的变化需要得到巩固，以促进更多的变革产生（第八步），最后逐步在组织中制度化创新的方法和观念（第九步）。这些步骤能够保证内部创业中变革这一难点得到成功落实。

小　结

本章聚焦于理解公司内部创业的过程及其管理方法，着重关注公司内部创业过程的四个方面：识别和评估机会；开发商业计划书；确定资源需求；启动和管理公司。该公司内部创业过程需要根据特定的公司文化进行调整，以利于公司内部创业的进行。随后，从五个业务决策的视角——战略导向、机会承诺、资源投入、资源控制以及管理结构对管理与公司创业性决策之间的差异进行了讨论。接下来讨论了企业家对公司内部创业越来越感兴趣的原因，展示了管理文化和公司内部创业文化之间的差异。

本章清晰阐述了公司内部创业的四个主要方面：创新；主人翁精神；创造力和变革。其中包含对一些产生创造力的最常用方法的讨论，这些方法包括：头脑风暴、逆向头脑风暴、检核表法、自由联想法、集合笔记本法、特性清单法、梦想法和参数分析法。

04

识别、评估和选择机会

机会分析方法如何帮助组织产生和评估新创意？产品规划、产品开发在公司内部创业过程中扮演怎样的角色？

3M 便利贴

根据盖洛普的调研，1998 年每个美国的职业人士一天要收到大约 11 个利用便利贴传递的信息。便利贴——这个 20 世纪 70 年代偶然研发出来的产品带来了多么惊人的统计数字！但更加令人印象深刻的是 3M 公司创造和推行的独特的公司内部创业文化。

阿特·弗赖伊是 3M 公司的研究员，便利贴的联合发明人。弗赖伊 1931 年生于明尼苏达，他早年在只有一间教室的乡间学校接受教育，那时他便展现出了在工程上的天赋。20 世纪 50 年代早期，他在明尼苏达大学开始了化学工程的学习，1953 年成为 3M 公司的一名新产品开发研究员。

1925 年美纹纸的发明使 3M 公司成为一家知名企业，类似弗赖伊的便利贴在内的产品发明帮助 3M 公司在 20 世纪取得了持续成功。为了保证这种新创意和创新的持续流入，3M 在成立初期便向组织内部灌输了独特的公司文化，聚焦于七大支柱——高度创新公司的 7 个习惯。

第一大支柱是保证对创新的资金投入。2008 年，3M 在研发上投入了 14 亿美元，占营业收入的大约 5.5%，超过了业内其他企业在研发上的投入。公司的天才保障基金每年给 12～20 个研发人员 50 000～100 000 美元的资助，供他们在公司工作之外的项目中使用。被选中的研究员能够将钱用于雇用员工或者添置设备上。

第二大支柱是活跃与维持公司文化。3M 认为每个员工都应当感受到自己是组织的一部分，为了实现这个目标，公司雇用了特别人员，向员工口述公司的历史，保障员工以他们自己的方式工作，并容忍犯错。

第三大支柱——3M 推动各部门间进行技术交流。公司业务覆盖 42 个专业领域，并通过跨部门的交流强化各自专长。

第四大支柱——鼓励研究人员之间形成正式的和非正式的交流网络。这种网络关系和信息共享通过会议、各个实验室主持的网络广播、持续的学术研讨，以及所有 3M 研究员参与的年度研讨会等形式实现。目的是让研究人员知道应当向哪些人请教，以便获取专业问题的答案，以及在哪些领域能够为他人提供建议。

第五大支柱——为每个员工设定期望并对杰出的工作进行奖励。员工被当作个体看待，奖励也通常以个人的名义授予，包括对 2～20 名最杰出员工的旅行奖励。

第六大支柱——聚焦于对研发活动的常规量化评估，以对研发活动在创造产品利润上的绩效做出合理评估。3M 将过去 4 年研发投入与来自新产品开发的利润数据作比较，确保研发经费得到有效利用。

第七大支柱——关注客户。3M 员工花了大量时间同客户交流，以发现现行产品的缺陷和客户的潜在需求。他们随后返回实验室来研发相应产品，将能够更好地满足需求的产品引入市场。

也许 3M 创新流程最显著的成功，是它的"私活"规则，至少在弗赖伊发明便利贴的例子中是这样的。该规则允许员工花15% 的工作时间用在"追求他们认为可能给公司带来价值的独特创意上面"，弗赖伊将这种特许的时间花在探索、研发和如何推动获奖的便利贴上面。

斯潘塞·西尔弗博士是 3M 公司的化学家，1968 年他研发了一种黏性较弱的胶水配方，可以重复黏贴，这是因为黏合剂和基板之间存在微球体带来缝隙造成的。然而，他无法找到该发明合适的用途，这种胶水被视作一个失败的发明。阿特·弗赖伊住在明尼苏达，周末会参加教堂的唱诗班。他因为用作赞美诗书签的纸张总是掉落而沮丧，在他看来如果能找到一种东西可以黏贴在纸上，撕掉又不会造成损害的话就能解决这个问题。因为 3M 的开放交流政策，他参加过西尔弗博士的研讨会，他回想起在西尔弗博士的研讨会上听到的关于"失败的"黏合剂。第二天他申请了一些黏合剂样品，结合自身需求在他的"私活"时间进行研究：在纸的边缘涂上该种黏合剂，这样他发明了能够黏贴到书上撕下又不会破坏纸张的书签。

没过多久，弗赖伊就意识到他的发明应用远远不止书签，它也能够用于组织交流。他将产品介绍给一开始并没有看见这些好处的管理者。为了增加他的创意的吸引力，他开始通过黏性便笺来和老板沟通信息，同时他生产了足够多的黏性便笺，分发给公司总部的员工。大家对该产品产生了极大的兴趣并且向他不断地索要。

1977 年，由于员工正面反馈的说服力，3M 将他的黏性便笺命名为"便利贴"，并于 1978 年在爱达荷州市场进行测试。市场测试取得了超预期的成功，90% 使用过便利贴的人表示他们会购买。进一步的测试给了 3M 信心，1981 年该产品被推广至全美市场，并在 1990 年登陆加拿大和欧洲。

阿特·弗赖伊和斯潘塞·西尔弗博士没有被忽视。在 3M 的公司价值观下，便利贴的整个团队在 1980 年和 1981 年均获得了 3M 授予的最高荣誉：金制进步奖章。1986 年，阿特·弗赖伊被任命为公司研发主任，并且成为 3M 卡尔顿学会和卓越技术联席会成员。

今天，3M 便利贴畅销 100 余个国家和地区，有 8 种标准尺寸、25 种形状和 60 种颜色，并且能够循环利用。它现在也有着多种衍生品，比如便利旗、便利记事板、便利标签 & 胶带和便笺纸。

在全世界的企业里，每天都在发生着类似弗赖伊发明便利贴的故事——识别未被满足的需求并提供解决方案。如果没有流程

来识别和利用公司内部创业精神，组织通常会错失这些创新的机会。要抓住这些机会，需要使用组织内部和外部的资源来迅速获得创意，这些创意能够促进组织的成长，促进销售和提升效率，也可能提升盈利能力。本章聚焦于该点，首先明确产生创意和判定趋势所需的资源和方法。接下来是关于创意评估的讨论、机会分析和制定机会分析计划。此外，关于新产品规划以及开发流程也将在本章讨论。在本章的结尾，我们会讨论一些公司值得借鉴的具有创新性的创意战略。

创意来源

常见的产生创意的源泉包括：消费者、现有产品和服务、供应链系统、政府机构以及研发活动。

消费者

我们需要密切关注消费者和他们的购买习惯。我们可以采用非正式方式，比如观察消费者的行为等来追踪潜在的创意，或者给消费者正式的表达意见的机会。

现有产品和服务

市场上的竞争产品和服务也应当得到评估。这些分析经常能够帮助产生改进当前产品/服务的方法，通常能够带来较现有产品更有市场吸引力、更有销售盈利潜力的产品。这能够促进公司产品的更新换代。

供应链系统

供应链上的成员企业是新创意的极佳来源，因为它们对不同生产阶段的市场需求非常熟悉。公司供应链上的成员企业不仅能够经常提供全新产品的建议，也能够帮助公司开发的新产品进行市场推广。

政府机构

政府能够在两个方面成为新产品创意的来源。首先，美国专利商标局（USPTO）的档案中包含了无数的潜在新产品。虽然专利本身可能是不可行的，却能经常启发更有市场潜力的创意。若干个政府机构和出版社在监控专利的应用情况中能起到帮助作用。每周由 USPTO 发布的官方公告会列举所有可供出售或授权的专利清单。USPTO 网站同时提供 1976 年以来获授权专利的全文。

其次，新产品开发创意可能来自政府规章制度的变化。例如，职业安全与健康标准（OSHA）强制要求雇佣超过三人的商业实体里必须配备急救箱，并要求根据不同行业和公司的实际需求在急救箱内配置不同的物品。

研发活动

新创意的最大来源是公司自己的研发尝试，可以是正规的研发活动，也可以是非正式的研发形式。《财富》500 强企业希伦布兰德工业公司的一名研究科学家开发了一种新的塑料树脂，这种材料成为一种新产品——塑料成型组合杯托的基础。

创意的产生方法

就算有如此之多的方式能够用于挖掘创意，要找到能够支撑起一家企业的新创意仍然是一个难题。下面介绍一些有助于产生和测试新创意的方法。

焦点小组

在焦点小组内，协调人带领一组人进行开放、深度的讨论而不是简单的问答。协调人通过直接或者间接的方式引导小组讨论聚焦到新产品领域。由8～14名参与者构成的小组通过组员间的相互评论，激发出创造性的概念构思和新产品开发创意去满足市场需求。一家对女士拖鞋市场感兴趣的公司，通过来自纽约的由不同社会经济背景的女士构成的焦点小组，获得了关于其新产品概念——像旧鞋一样合脚的温暖而舒适的拖鞋，之后这个新产品概念被开发成一款新的女士拖鞋产品，并取得成功。就连广告词的主题都来自于焦点小组的评论。

除了产生新创意，焦点小组也是筛选创意和概念的有效方式。随着逐步进行，可以对结果进行定量的分析，这让焦点小组在新产品创意的产生上发挥了良好作用。

头脑风暴

虽然绝大多数在头脑风暴中产生的创意都没有被进一步开发，但有时也会有好的创意出现。当头脑风暴聚焦于特定的产品或市场范围时，有更大的概率能出现好的创意。在第3章里我们已经讨论过头脑风暴的规则。

一家大型商业银行通过头脑风暴成功地开发了一本杂志，这本杂志给它的产业客户提供高质量的金融资讯。这家银行首先举行了一场由企业财务主管参加的头脑风暴，该头脑风暴聚焦于目标市场特征、资讯的内容、发行周期以及新杂志的推广价值。一旦基本格式和周期得到确认，多个焦点小组会议接着召开，小组成员由来自《财富》1000强公司分管财务的副总裁组成，会议地点分别设在波士顿、芝加哥和达拉斯等三个城市，焦点小组的任务是讨论新杂志的开本、对企业财务主管的实际意义和价值。焦点小组讨论的结果奠定了成功的基础，这本新财经杂志后来受到市场的广泛欢迎。

问题编目分析

问题编目分析运用于个体，采用类似焦点小组的方式，产生新的产品创意。问题编目分析方法本身不产生创意，客户收到一个大类产品的问题清单，接下来他们被要求在类别中指出和讨论有特定问题的产品。鉴于将已知的产品同指定存在的问题关联起来比想出创意本身要容易得多，该方法通常非常有效。然而，列出穷尽的问题清单是运用该方法最大的难点所在。

从问题编目分析得出的结果需要做进一步的仔细评估，因为该方法的结果有可能没有准确反映出新商业机会的存在。例如，通用食品公司依据问题编目分析法得出在售的谷物食品包装盒尺寸存在问题，因此推出更加紧凑的谷物食品包装盒就没有取得成功，因为包装尺寸并不影响客户的实际购买行为。

趋　势

趋势经常为在既有组织中开拓新的创业领域提供良好机会。下面是未来十年的 7 大趋势：

- 绿色
- 清洁能源
- 有机
- 节俭
- 社交
- 健康
- 互联网

绿色趋势

全世界都充满着绿色趋势带来的机遇。水资源是绿色趋势中一个非常有前景的方向，特别是灌溉领域，例如高尔夫球场、公园的复垦、智能化浇灌系统等。在提高水资源的利用率上也存在机会。其他值得关注的领域包括生态友好打印、回收利用和清洁卫生服务。当企业将绿色行动与降低成本或为客户长期节省开销关联起来时效用最为显著。

清洁能源

目前消费者最为关切的环境问题是清洁能源。许多人认为 21 世纪的能源应该来自太阳能、风能和地热能。该领域中小商户和业主市场尚待开发。例如，在工程建设市场，最近的趋势是绝热材料的广泛运用，以减少业主的制热和制冷费用。

有机趋势

有机趋势快速扩张，随着有机食物和非有机食物之间价格差距越来越小，食品领域的有机趋势尤为明显。

食品方面，包括肉、奶、水果、蔬菜、面包和零食在内各种食物的销量中有机的比例达到了 25％。但非食物有机类，特别是有机服饰的销售增长缓慢。

节俭趋势

受次贷危机、银行破产和房地产市场衰落以及取消抵押品赎回权的影响，消费者在消费方面趋于保守。这给节俭消费，如园艺工具、商业培训、折扣零售、信用和负债管理、可视化会议、外包以及 DIY 等带来了显著的机会。根据《商业时报》显示，在经济衰退时期，宜家——推崇 DIY 的低价家具卖场——在2008—2009 年度实现了创纪录的销售额增长（1.4％）。

社交趋势

世界的社交化进程是显著的，包括脸书、Myspace、领英以及推特和一些商务社交网络，每周都带来了更多的连接和机会。作为保持现有关系的补充，在线关系的建立已形成趋势。另一个连接线上社交的渠道是游戏，陌生人通过自创的角色在线上碰面，融入不同的力量以击败对手。社交趋势同时在相关领域提供了机会，如财务规划和旅行行业。人们希望能够在财务上有能力以及在生活中有时间陪自己的孩子和孙辈去游览更多新地方。长寿联盟（Longevity Alliance）便致力于此，其在长期关怀和财务规划上提供一站式的咨询。

健康趋势

当今大趋势之一是健康和医疗保健日益受到关注，并将在下个十年随着世界人口老龄化和人类寿命的延长而得以持续。这提供了很多机会，包括美容业、如"大脑体操"等健脑俱乐部、个人健康门户网站、深入社区的护理测试设施、营养专家、健身中心、最新的 Fit-Flops 和 Wii Fit 外设等健身玩具、减肥食品、便利护理诊所和健身教练。

互联网趋势

世界互联的趋势创造了许多新形式的交流和购买潜力，这开拓了巨大的新机遇。这些机会进入门槛不高，包括 Web2.0 咨询、博客、在线视频、移动 app、无线上网 app 以及预装了众多应用的新 iPhone。B2B 客户也能够从在线活动中获益，因为组织也需要经常更新关于迅速变化的消费群体的相关信息。

评估创意

无论是在国内还是国际市场创业，成功的关键是发展出有价值的创意，这些创意通过解决一个重要的客户痛点满足一个大市场客户的需求，或者通过在一个细分市场给产品增加广泛的价值来增加盈利能力。第 3 章关于创造力和创意开发的结论需要从满足一个利基市场需求的角度思考，或者如一位公司内部创业者所陈述的那样："让客户更加有利可图。"

对于"有利可图"的含义因产品和服务而异，尤其需要关注创意的情境是 B2B 还是 B2C。创意的独特性、竞争优势以及市场规模和特征都可以通过机会分析得到确认（评估）。

机会分析时最好制定一个机会分析计划，机会分析计划不同于商业计划。其同商业计划相比：

- 更短
- 聚焦于机会而不是企业
- 没有融资计划、营销计划或者组织计划
- 基本的决策是采取行动还是等待下一个更好的机会

机会分析计划由四个部分构成——两个主要部分和两个次要部分。第一个主要部分主要考虑开发产品或者服务的创意，分析竞争产品和竞争对手，根据独特销售主张确认创意的独特之处。该部分具体包括：

- 分析产品或者服务的市场需求
- 描述产品或者服务
- 阐述产品或者服务的差异性（尽可能详细）
- 分析竞争产品已经满足的需求和特点
- 分析与竞争对手相比新产品或服务的独特卖点

本章后面用来确定竞争现状和市场规模的数据源，也可用于第 9 章开发商业计划书部分。

机会分析计划的第二个部分聚焦于市场——市场的规模、趋势、特征以及增长率。它包括：

- 当前的市场需求
- 市场需求的社会环境
- 是否有可用的市场研究数据来描述该市场需求

- 国内/国际市场的规模和特征
- 市场的增长率

第三部分聚焦于公司内部创业者以及管理团队的技能和经验。第三部分应当能够回答如下问题：

- 为什么这个机会让你感到兴奋？当业务举步维艰时，能够支持你走下去的会是什么？
- 这个产品和服务的创意与你的知识背景和经验吻合吗？
- 争取权益资本你必须具备什么商业技能？
- 还需要哪些商业技能？
- 怎么样才能找到这些技能？

在机会分析计划的最后一部分要制定一个时间规划，来明确开办新创企业和成功将创意转变为商业实体所需的步骤。本部分的焦点包括：

- 识别每一步骤
- 将这些关键步骤以既定的顺序进行排序
- 确定每个步骤的耗时和资金需求
- 确定总耗时和总费用
- 确定当前所需资金的来源

产品规划和开发流程

一旦创意诞生并且通过了机会分析计划，它们需要得到进一步的发展和完善。这个完善过程包含产品规划和开发两个部分，可以分为五个主要阶段：创意阶段、概念阶段、产品开发阶段、市场测试阶段以及商业化阶段。这些阶段结束后就进入了产品生命周期阶段（见图 4 - 1）。

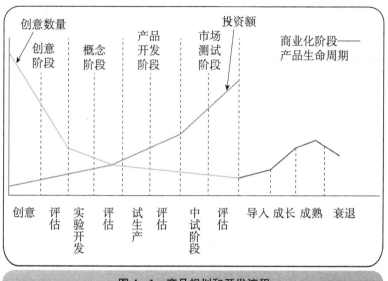

图 4 - 1　产品规划和开发流程

设立评估标准

在产品规划和开发流程的每个阶段，需要设立评价产品和流程的标准。设立的标准应该从市场机会、竞争、营销体系以及财务和生产要素等角度进行评估。

新产品创意在现有市场或新的市场有需求即可认为存在市场机会。市场需求是新产品创意最重要的评估指标。市场机会和规模的评估需要考虑：潜在客户和行业用户的特征及对新产品的态度、市场的量级（数量和金额）、该市场处于生命周期中的阶段（成长或衰退）以及产品能够获得的合理市场份额。

现有的生产厂家、价格以及营销力度也需要进行评估。新的创意应该比市场现有产品/服务更有竞争力，它应当具有更好的特性以更好地满足当前和预期竞争的需求。与在同一市场中面向同一客户需求的竞争产品和服务相比，新创意应当具备一些独特的差异化优势。

新创意应当与公司现有能力和市场战略相匹配。公司应当能够将其市场经验和其他专长运用在新产品上。例如，相较宝洁公司，通用电气更容易实现在其产品线中加入新的照明设备。评估与企业现有能力和资源是否匹配时需要考虑几个方面：现有销售团队的能力和时间在多大程度上可以切换到新产品上，通过公司现有分销渠道销售新产品的能力，以及新产品能否借力企业现有的广告和促销能力。

在公司现有的财务状况下，提议的产品或服务创意应具备获得公司资金支持的条件，并应该在合理的期限内为公司的财务做出贡献。单位制造成本、营销费用以及所需资金数额、盈亏平衡点和新产品的长期盈利前景、管理问题也应该进行评估，需要确认新产品对现有厂房、机器和人工的额外需求。如果新创意不能整合到公司现有的制造过程，它会涉及更多的前期投资，比如厂房和设备的初始投资，这些因素在评估产品的长期盈利潜能时都应纳入考虑。每个阶段的全面评估结束后，关于是否继续推进新产品/服务的决定应该得出明确结论。

创意阶段

在创意阶段，有前途的新产品和服务应当被识别和确认，没有实用价值的创意应该被排除，这样有助于最大限度地运用公司的资源。该阶段比较成功的评估方法是采用系统的市场评估核对表：每个创意都根据主要价值、优点以及优势进行分解。将这些新产品或服务关键要素构成的核对表提供给消费者，让他们来确定哪些价值特性应该保留，哪些应该放弃。在这个核对的过程中，应当谨慎地进行产品特性描述展示，避免误导客户得到不准确的结果。

另一个很重要的方面是确定新创意的市场需要，以及它对公司的价值。如果不存在对该创意的市场需求或者创意不会给公司带来利益，该新产品或服务的创意不应该进一步开发。为了准确地确定市场对新创意的需求，明确地定义潜在市场需求也会有帮助，这可以从时机、满意度、替代品、利益和风险、未来期望、产品性价比、市场结构和规模、经济条件等角度进行考虑。可以通过制作一张如表4-1所示的表格，帮助完成这个确认过程。表中的因素包括潜在新产品/服务的特征，以及新产品/服务的竞争者，都应该进行评估。

表4-1　　　　　　　　　　**新产品或服务创意的需求确认**

创意要素	评估	竞争能力	新产品能力
需求类型			
持续需求			
下降需求			
新兴需求			
未来需求			
需求时机			
需求期间			
需求频率			
需求周期			
生命周期的位置			

续前表

创意要素	评估	竞争能力	新产品能力
满足需求的竞争方式			
没有			
同样的方式			
不同的方式			
优势/风险			
实用			
有吸引力			
客户品位和偏好			
购买动机			
消费习惯			
性价比特征			
量价关系			
需求弹性			
价格稳定性			
市场稳定性			
市场规模和潜力			
市场成长			
市场趋势			
市场发展需求			
市场威胁			
客户购买力			
总体经济条件			
经济趋势			
客户收入			
融资机会			

资料来源：Robert D. Hisrich and Michael P. Peters，*Marketing Decisions for New and Mature Products*，2nd edition，Upper Saddle River，NJ：Pearson Education，Inc.，1991，186. Reprinted by permission.

在确定新产品或服务为公司创造的价值环节，可以将其他产品/服务创意或其他投资的财务数据作为比较基准，评估新产品的财务计划，例如现金流出、现金流入、利润贡献以及投资回报等。可以使用表4－2简化评价工作，但是对于新创意的关键财务要素的估计应当做到尽可能准确，当然这些都会随着创意的不断推进而逐步被修正。

表 4 - 2　　　　　　　确认新产品或服务创意的价值

价值考量	成本
现金流出	
研发费用	
营销费用	
固定设备投资	
其他费用	
现金流入	
新产品销售量	
现存产品销量的提升	
残存价值	
净现金流	
最大敞口	
至最大敞口的时间	
敞口持续时间	
总投资	
年度最大净现金流	
利润	
来自新产品的利润	
对现有产品利润的影响	
产品	
占公司总利润的份额	
相关回报	
权益回报率（ROE）	
投资回报率（ROI）	
资本成本	
现值（PV）	
现金流折现（DCF）	
资产回报率（ROA）	
销售回报率	
与其他投资比较	
与其他机会的比较	
与其他投资机会的比较	

资料来源：Robert D. Hisrich and Michael P. Peters, *Marketing Decisions for New and Mature Products*, 2nd edition, Upper Saddle River, NJ: Pearson Education, Inc., 1991, 196. Rprinted by permission.

概念阶段

产品或者服务创意通过了创意阶段的评估之后，需要通过与客户互动的方式进一步发展和完善。在概念阶段，要对经过完善的创意进行测试，以确定客户的接受程度。恰当的做法是从潜在客户以及分销商那里收集对概念的初步反馈。一种测量客户接受度的方法是访谈，在访谈中受试者对新产品或服务的创意特征和性质做出评价，并在特性、价格和促销等方面同竞争对手进行对比分析。通过客户回复，可分析出受欢迎的和不受欢迎的特性，受欢迎的特性将融入后续的新产品或服务中。

产品开发阶段

在产品开发阶段，客户的反应效果将很大程度上取决于实物展示。这一阶段常用的工具是客户群评审，这种方法是将产品样品交给一群客户。参与者会记录他们使用产品的感受，对优点和不足进行评论。这种方法更多地用于产品创意测试，对某些服务创意也同样适用。

也可以同时将新产品的样品和一个或多个竞争产品发给潜在客户小组。在这种情况下，要用到多种方法来发现消费者偏好，例如多品牌对比、风险分析、重复购买的程度，或者偏好强度分析。

市场测试阶段

尽管产品开发阶段的末尾为最终的营销规划提供了基础，但进行市场测试能够增加商业化成功的概率。市场测试阶段是评估流程的最后一步。实际销售数据能够揭示消费者的接受程度。正面的测试结果意味着产品成功上市的可行性和创办公司的可能性。

国外市场选择

当考虑进入国际市场时，一个关键问题是做出正确的市场选择。有若干的市场选择模型可用，一个有效的方法是采取 5 步法：（1）制定合适的指标；（2）收集数据并且转化成可比的指标；（3）为每个指标设置合适的权重；（4）分析数据；（5）通过市场排名选择合适的市场。

第一步通过过去的销售和竞争研究、相关经验以及管理层的讨论来确定合适的指标。开发适合公司的特定指标应包括三个主要方面：整体市场规模指标、市场成长指标以及产品指标。市场规模指标通常考虑：人口数量、人均收入、细分产品的市场、B2C 类产品市场、公司市场及营业收入额、具体的 B2B 产品的利润。对于市场成长指标，应确定国家总体增速（国内生产总值）以及特定的新创企业市场。

第二步包含为这些指标收集数据，并将数据进行处理以便于比较。在该阶段，组织既要收集原始数据（应特定需要收集的原始数据），也要收集二手数据（已公布数据）。二手数据更容易获取，所以通常先收集二手数据，然后确定哪些数据仍然需要通过直接调研来收集。在收集国际二手数据时可能存在一些困难，这些困难会随着各国经济发展状况的不同而异。这些困难包括：（1）可比性问题。一个国家收集的数据可能无法与另一国家进行比较。（2）可获得性。一些国家相较他国有着更多的国家层面的数据，这通常反映了国家的经济发展状况。(3)准确性和可信性。在某些情况下，有些国家的数据不是在严格的标准下收集的，甚至可能由于国家政府的利益而存在较大误差，后者经常出现在非市场经济国家。(4)成本。美国已经通过了《信息自由法案》，政府收集的数据中不会危害国家安全的部分免费开放，在其他大多数国家只有部分数据可获取，且常常需要付费。

例如，HB合伙公司想要在莫斯科开办第一家健康会所。公司计划按两种方式收费：针对外国公民的较高费率和针对俄罗斯公民以及其他前苏联国家公民的较低费率。公司将会所的地址选在外国人最爱去的区域，多次搜寻信息的努力均告失败后，才从克格勃（原苏联情报机构）手中购得所需的信息。

当针对外国市场进行研究时，组织经常需要收集经济和地理数据，比如人口、GDP、人均国民收入、通胀率、文盲率、失业率以及教育水平。这些数据能够从政府机构、网站、大使馆，及政府间组织等来源获取。例如，非洲大陆对于西方世界是不熟悉的地方，在当地进行投资被认为存在较高风险。然而政府间机构如非洲联盟（AU）、东非共同体（EAC）、南部非洲发展共同体（SADC）以及西非国家经济共同体（ECOWAS）等机构逐渐积累了大量相关信息，这些信息便于商业活动的进行和吸引投资者来到非洲。这些信息大部分能够通过互联网和新闻报道轻松获取。

国家贸易数据库（NTDB）是一个重要的综合数据来源，它由美国商务部管理。如国家报告、国家分析简报、国家商业指导、食品市场报告、国际报告和回顾、国家背景附注，以及进出口报告等都能从其中获取。

另一个相关的数据源是美国商贸协会和外国大使馆。虽然商贸协会是国内和国际数据的重要来源，但有时能够通过联系美国商务部工作人员，或者合适的美国或外国大使馆参赞获得特定的信息。

收集的数据需要经过数值转换，才适用于选定的处理指标，这样各个国家的指标值就可以按照数值进行排序，即通过数据标准化进行相互比较。为了实现这一目标，可使用多种方法，它们都会涉及利用全球创业者的主观判断。另一个方法，是将每个国家的指标同全球标准水平进行比较。

第三步为各个指标设定合适的权重。对于一个生产医院病床的公司，医院的数量和种类、医院的历史及其病床数、政府在医疗保障体系上的支出和社会福利体系便是该外国市场中最好的国家层面指标。在这个方法中，各个指标会被赋予代表其重要性的权重。

第四步设计分析结果。当调查组织考虑是否采纳该数据时，应当对结果进行细致的审查，并对结果提出合理质询，因为数据结果非常容易存在错误并且易被忽视。同样地，应该进行假设分析，即改变指标的权重分配，然后测量结果的变化。

第五步也是最后一步即外国市场的选取。对于组织来说，这对于为目标市场选择合适的进入战略，以及后续其他国外市场的选择都很重要。全球视频会议系统提供商 ICU Global 的创始人和首席执行官斯蒂芬·麦肯齐，将中国、德国、印度和爱尔兰当作目标市场。目前公司在英国有 6 名雇员，当年贡献了接近 300 万英镑的利润。根据斯蒂芬·麦肯齐的说法，有些国家虽然存在疑问，依然被选为目标市场，因为市场规模大会为 ICU Global 带来巨大的机会。他进一步补充道："在德国有基地的好处是你能够轻松地接触到欧洲的其他区域。"

公司内部指标

一些公司内部指标可以被进一步开发成外国市场的评价指标，这些指标通常包括竞争对手的信息，全球公司内部创业者的信息、运作历史、营收数据以及展会信息。竞争者的进入通常是某外国市场存在良好潜力的强烈信号。

另一个有效的创建外国市场指标的内部方法，是与当地非竞争企业就不同市场进行讨论。这些非竞争公司在当地的发展历程和经验，能够提供优异的内部信息，甚至可能与公司进一步形成指导关系。为了构建进一步的关系并有利双方，我们应当毫不犹豫地为现在的或未来的风险活动贡献自己的专长。

开发市场指标的第三个来源是公司现有的领导地位和销售业绩。领导地位、实际营收、在本土经营获得的成功是在外国市场能够获得成功的最好保障。在外国市场的实际销量是另一个重要指标，它证明你的产品在当地市场的竞争力。

最后一个开发外国市场指标的来源是来自本土和外国市场贸易展上的线索。各个产业的贸易展遍布全球。计算机行业有计算机辅助影像和外科手术展、越南国际计算机博览会等。工艺品、游戏、个人爱好等领域的贸易展包括英格兰南方明信片展、D&K 手工艺品展、马来西亚国际礼品展等。超过 50 个国家的贸易展览和展会，覆盖从农业、园艺和种植业到工业和制造业，再到旅行和旅游产业，以及酒店和度假业，其信息都能在贸易展网站（www. TSNN. com）上找到。这些贸易展通常为公司和买家提供特定产品领域的重要信息，为确定各个国家的市场潜力和竞争环境，提供了绝好的信息收集机会。

公司创新战略

下面介绍一些被若干公司采用的创新战略。

西南航空

因为意识到创新的想法经常从内部产生，西南航空公司挑选了一组员工，安排他们每周进行10小时的头脑风暴。该项目意图确定哪些改变能够对西南航空公司的运营产生重大影响。一季头脑风暴持续6个月，由于成员来自包括运维、外派运营、地勤和执飞等各部门，职能的多元化使得他们创建了一个包括109个创意的清单，提交给管理高层。自创意提交以来，其中3个已带来了显著的运营变革，其中一个帮助理清了"交互"流程（当一架飞机出现机械故障时用另一架替换）。

诺基亚

许多高科技公司依靠专利来提升创新战略。为了提升员工的专利持有数，诺基亚创立"Club 10"——一个只有获得了10个专利后才能加入的俱乐部——来激励工程师。公司通过一年一度的官方授奖仪式，向进入俱乐部的人员授予荣誉，俱乐部的声誉也随之提升。

3M

为了进一步促进创业氛围，3M 向有意愿在外部项目中工作的研究员颁发天才奖，这是名额有限的项目，每年大概有 60 名科学家和工程师会申请此奖项，他们要接受 20 名资深科学家的审核。获奖人会获得 5 万～10 万美元的奖励，这些奖励可以用来雇用额外的人员或购买设备。

星巴克

一般来说公司高层不会同终端客户有直接和日常的接触，星巴克关注到这个现象，它们依靠咖啡馆服务员将客户的见解和趋势转达给管理高层，甚至要求一些高管以店员的身份工作数天，以领会工作中的流程、店员的视角以及客户的需求。另外，星巴克还资助如产品开发部等部门，进行实地考察。该项创意旨在使雇员加深对顾客需求和趋势的理解，反过来激发他们的案头工作。比如一个小组去巴黎、杜塞尔多夫和伦敦以了解当地的文化和生活习惯。通过出访，他们获得了通过讲座和阅读无法获取的对当地文化的深刻理解。该项举动也证明星巴克愿意投资于员工，并且珍惜他们贡献的价值。

Infosys

与年轻一代保持联系能够产生一些天才的创意，并且同广泛的市场保持紧密的联系。为了充分利用人力资源，Infosys 的主席 N. R. 纳拉亚纳·默西创立了高管参与的青年之声项目，以推动创新。Infosys 挑选了最优秀的 9 名年轻人（都在 30 岁以下），让他们参与全年 8 次的高管咨询会议。这些年轻员工获得发言的机会，该项目鼓励他们在高管面前展示自己的创意，并同管理层进行探讨。

宝马

当物理距离、时间跨度得以克服，电话的发展使沟通变得便利，创新就会得到提升。基于这个理念，宝马从整个公司中挑选出 200～300 名员工，以 3～5 年为周期，加入到研究和创新中心。这个改变发生在宝马开始一个新项目时，这一做法有效减少了围绕变革的矛盾，避免了潜在的模型缺陷，加速了高效的沟通。

丰田

日本汽车制造商丰田致力于创新和改进制造流程。随着全新的创新性车型普锐斯的发布，丰田进一步为公司赢得了产品创新者的声誉，而不仅仅是流程创新者。与此同时，丰田开始召集起其供应商，不仅就降低费用也就提升整个设计流程进行研究，丰田将它的新战略命名为"价值创新"。

小　结

本章聚焦于公司创业的核心元素：识别、评估以及选择机会。我们讨论了创意的各种来源：消费者、现有产品和服务、供应链系统、政府机构和研发活动。本章也提供了生成创意的方法——焦点小组、头脑风暴和问题编目分析。

本章还分析了一些会提供巨大机会的主流趋势，包括绿色趋势、有机趋势、节俭趋势、社交趋势、健康趋势和互联网趋势。

本章同时也详细展示了一种评估机会的方法：机会分析计划，讨论了机会分析计划所需信息的来源，产品规划和开发流程的主要阶段（创意阶段、概念阶段、产品开发阶段和市场测试阶段）的讨论。最后阐述了外国市场选择的问题，以及一些杰出公司的创意战略。

第二部分

组织公司内部创业

CORPORATE
ENTREPRENEURSHIP
How to Create a Thriving Entrepreneurial Spirit Throughout Your Company

05

定位内部创业

公司如何识别和发展员工的创业精神？公司管理者如何开展公司内部创业项目？如何建立高效的内部创业活动汇报体系？

情境案例 ————————————————————

美国运通

美国运通公司创立于 1850 年，其最初的主要业务是为货物和贵重物品提供快速可靠的快递运输服务，而不是一家信用卡公司或金融机构。当时，美国邮政局提供的快递业务速度慢、价格高，而且不能运输比信封体积大的包裹。美国运通公司抓住了这个机会，成为美国早期向西部扩张的重要一员。

美国运通公司最初并不是一家金融机构，但其大多数客户都是银行。运通公司发现，其邮寄的小包裹都是一些股票、货币、票据和其他金融工具，于是果断决定缩减其快递服务的规模，转而开始销售自己的金融产品。1891 年，运通公司发行了第一个被国际认可的旅行支票。这个全球化的产品，促使运通公司产生了在全球各地设立办事处的需要。1895 年，运通公司在巴黎开设了第一个欧洲办事处，到 1910 年时已设立 10 个办事处。

运通公司成功度过了第一次世界大战和经济大萧条，在 1950 年经历了飞速增长，共雇用 5 500 余名员工，遍布 173 个国家。随后，运通冒着蚕食自己有利可图的主业——旅行支票业务——的风险，发行了运通信用卡。

在世纪之交，运通公司有两个动机进行公司内部创业。首先，运通的高管意识到适应变革时代的重要性，关注日益流行且非常便捷的互联网将会怎样影响他们的业务。第二，运通公司意识到自己忽略了吸引和开发人才，而创业将会扩大招聘网络，带来人才的增加。

运通的管理层也意识到偏离核心业务会带来很多风险，要求确保其所有的公司内部创业项目都应围绕核心业务和当前战略。管理层成员通过从其他公司的错误中学习，较早地认识到成功的关键是靠近自身认知的核心。随着公司内部创业项目效果逐渐显现，美国运通公司成为在公司内部创业项目中取得成功的典范。

运通公司通过明确核心业务和竞争边界开始了其创业历程。例如，运通将所有的风险投资都控制在信用卡业务范围内。实质上，运通为其创业过程设立了三个运营要求。第一，风险投资必须为运通的客户提供卓越的价值。第二，风险投资必须通过实现最佳的经济效益来提供这一价值。第三，风险投资必须能够提升美国运通的品牌价值。这些准则看似简单但实施起来颇具挑战性，它们的实施是公司成功地进行内部创业的保障。

运通公司内部创业的一个例子是 MarketMile。2001 年 3 月，运通对 MarketMile 投资 1 700 万美元。MarketMile 是一家初创企业，致力于帮助中型公司（年收入在 1 亿～20 亿美元之间）通过简化购买商品和服务的流程来降低成本。对 MarketMile 的投资使得运通能够通过其核心业务信用卡，来开拓中型公司市场。本质上，MarketMile 提供了简化公司间接购买和服务采购的流程，使其成本从 95 美元削减到仅仅 5 美元，不过前提是这些客户使用美国运通卡付款。

尽管运通早期创业活动也取得了成功，但却是以非正式形式开始的。运通的首席执行官肯·切诺后来回忆说，实际上，直到运通创立了一个正式的创业团体后，他才意识到运通之前在进行风险投资。正式化创业团队的目的是指导投资和促进管理层的参与，以及扩大运通的核心业务及品牌。

通过 100 多年的公司创业努力，运通发展出了五种有效方法，显著增强了新创业务的成功。最重要的是，运通认识到了谨慎挑选投资的重要性。运通明白，在选择合作伙伴和雇用员工时同样需要尽职调查。公司通过以下三种方法来避免误区：由合伙人严格地管理现金、绝不过快地进入下一个领域、绝不提供不完善的产品或服务。

目前，运通的两个主要部门是全球消费者业务部和 B2B 业务部。虽然两个部门都为其客户提供服务，但公司的主要收入来源仍然是信用卡的年费。客户通过累积积分来兑换奖励。截至 2009 年，运通的发卡数量超过 9 200 万张，2008 年的收益达 319 亿美元。

如案例所示，内部创业对于公司资源来说可能会是高风险且昂贵的投资，但如果通过正确的鉴别和应用，内部创业能够大大提高公司的价值和成长机会。美国运通公司的创业成功告诉我们，运通参透了公司内部创业的几个重要方面：第一，需要适应组织内部和外部变化；第二，不偏离公司核心业务至关重要；第三，谨慎挑选新创业务投资。

美国运通是一个通过灌输一种创业文化而获得经济效益，取得成功的经典案例。倾听客户、拓展全球、接受创造性批评、确定变革的需要、保持公司的核心竞争力和审慎选择新的创业企业投资，是进行成功的公司内部创业的关键组成部分。

本章介绍关于组织实施公司内部创业过程中，如何在公司内部定位新创项目的几个重要方面。首先叙述了组织公司内部创业过程中的主要内部障碍，然后分析讨论了各种组织结构的效果。在讨论了公司内部创业实施程序后，最后总结了组织中创业氛围的评价指标。

公司内部创业的组织障碍

要在组织文化中成功实施和实践公司内部创业，有以下几个障碍需要克服。第一个障碍是大型组织的固有特点。创业公司开始非常扁平，通常初创企业由一到三人的团队组成。大型组织通常具有全面的程序和汇报系统以促进企业成长。这些程序和报告系统本身是没有问题的，但当被非常严格地执行时，便会抑制变化和创造性。刚性的程序和汇报系统成为组织中个体创造性地独立思考他们在组织中的定位和组织运作的障碍。

　　第二个障碍是组织需要完成其短期目标。公司内部创业文化的实施和建立需要足够长的时间和内部资源，以确保组织的正常运转并获得回报。除非管理高层承诺给予五年的时间，并且确保每年能够投入充分的资源促进项目的运行，否则本书的任一位作者都不会参与到公司内部创业咨询项目中。这种长期投入与大多数组织的短期预期是相违背的。可以想见，一家每季度报告销售额和利润的上市公司，很难大规模对长期的内部创业项目进行投资。

　　第三个障碍是缺乏公司内部创业人才。随着组织的扩张和发展，管理过程而不是创业方法，被愈加重视。组织规模越大，组织脱离公司内部创业要素而运作的时间就会越长，这会导致公司的内部创业者越来越少，公司也越难启动并逐步灌输创业思维。

　　为了找到公司内部创业人才，关键是要确定成功的公司内部创业者的个体特征。

公司内部创业领导者的特征

- 了解公司环境
- 有远见，有较强的灵活性
- 制定管理方案
- 鼓励团队合作
- 支持开放式讨论
- 建立支持者联盟
- 坚持不懈

　　第一，公司内部创业者需要能够了解当前和未来可能面临的环境。这种能力一部分反映在个体的创造力水平上，并且通常随着年龄和教育水平的增加而降低。为了使公司内部创业取得成功，内部创业者必须具有创造性，对公司的内部和外部各方面有全面的了解。

第二，如果一个个体想要组建一个成功的内部创业企业，那么他必须是一个胸怀远大理想且具有远见卓识的领导者。虽然对领导者的定义有很多，但最能描述公司内部创业者特质的是：领导者像一个园丁。当你想要一个番茄，你需要拿一颗种子，把它放在肥沃的土壤里，并耐心仔细地浇水。你不是加工西红柿，而是种植。另一个好的定义是："领导是构思远大梦想的能力，并且能够使追随者认同这个梦想，也愿意成为梦想的一部分。"马丁·路德·金在他的《我有一个梦想》中进一步证明，由具有远见卓识的领导者引入现实的梦想，即使面临着压倒性的障碍，也可以激励成千上万的人跟随。为了组织实施一个成功的创业企业，公司内部创业领导者必须有一个远大清晰的梦想，以克服障碍并鼓舞追随者。

第三，公司内部创业者必须具有较强的灵活性，能制定出可供选择的管理方案。公司内部创业者不应一成不变，而是以开放的姿态，鼓励改变。通过挑战组织的信念和假设，公司内部创业者有机会在组织结构内创造新的东西。当面对因变化而带来的不确定性时，乐观的心态会让这种方式更加有效。因此，公司内部创业者应该把变化视为新的机遇和发展的挑战，而不是仅仅关注问题本身。

第四，公司内部创业者需要能够以多学科交叉的方式鼓励团队合作。这通常违反大多数商学院教授在课堂上传授的组织实践。在组织一个新的创业企业时，整合各种技能需要跨越既定的部门结构和报告系统。因此，公司内部创业者需要是一个好的外交官。Xeta 科技公司内部创业企业的成功，很大程度上是由于公司内部创业者能够让技术人员根据销售人员的市场反馈改进技术。

第五，鼓励开放式讨论，以建立一个有效的团队来创造新的东西。许多公司管理者忽略了坦率、公开的讨论和分歧也是学习过程的一部分。相反，他们花时间建立保护屏障，并在自己的企业帝国中自我隔离。只有当团队成员有发表不同意见的自由，以及可以对一个想法进行批判性思考，致力于达到最佳解决方案时，才能使内部创业企业取得成功。团队成员之间的开放程度取决于公司内部创业领导者的开放程度。

第六，开放还会导致出现由强大的投资支持者和鼓励者组成的联盟。公司内部创业者需要鼓励和肯定每个团队成员，特别是在困难时期。这种鼓励是非常必要的，因为在组织一个新的公司内部创业企业时，常规的职业发展上的激励是难以发挥作用的。一个成功的公司内部创业者让每个个体都成为一个英雄，反过来，在疑惑丛生的时期又依赖这个支持系统。

最后，但是同样重要的是坚持不懈。在建立任何新的公司内部创业企业期间，都会遇到挫折和障碍。只有通过公司内部创业者和支持团队的坚持不懈，新创企业才能成功实现商业化结果。

在一个组织中进行内部创业时最后一个主要障碍是：没有为公司内部创业者设置合理的薪酬制度。由于以下两个原因，这可能是最难以克服的障碍。

首先，公司内部创业者的期望一般需要被管理。即使个体在组织中正在尝试一些有创造性的新事物，也必须意识到他还是组织的一员，属于整个组织。组织提供资源、专业知识、市场知识、客户基础和分销系统，这是公司内部创业者在组织之外创建新创企业时不具备的。公司内部创业者不应该期望达到许多成功的企业家的薪酬水平，因为公司内部创业者不需要承担相同的风险（特别是财务风险），而且能够利用组织资产。

其次，如何奖励公司内部创业者，并维持薪酬水平对等和系统平衡。在管理期望和保持平衡时，许多创新的方法可以用来奖励创业者行为和领导力，这将会在第 10 章讨论。例如为他们设置一个预留的停车位、授予"每日创新者"称号、奖励第一年销售额的 3% 等。记住，对组织中的公司内部创业者进行丰厚的财务激励并不是十分重要，最重要的是确保每个公司内部创业者都被认可，并获得一些精神激励。由于自主权非常重要，因此提供个体在公司内的特殊奖励是一个很好的激励措施。

公司内部创业的各种结构

通过各种结构设计可以使公司内部创业成为组织的一个有机部分。有时它涉及成立一个独立的风险投资单元。这种内部风险投资单元，即所谓的"创业基金"，可以为符合正常风险投资标准的内外部投资标的提供资金（这将会在第 11 章中进一步讨论）。公司内部创业使用的四种结构包括人力资源部门内设子部门、新产品子公司、新产品开发部门或在整个组织中传播相关概念和流程。

一些组织会采取比较谨慎的方式进行公司内部创业，他们会在人力资源部门内部设立一个子部门，专门负责公司内部创业项目。这样通常对组织的影响最小，因为它侧重于培训或派遣经理参加公司内部创业会议。这些受过培训的管理人员可以用于促进公司内部创业，以缓解组织中创业人才匮乏的状况。

由于公司内部创业经常导致不同的文化和做事方式，因此一些组织会通过新设立单独的产品子公司来进行公司内部创业。尽管与组织的其他部门分离，但该子公司依然负责评估整个组织中的全部个人提案，通过评估的提案被新的子公司采用，相关个体在公司提供的支持和资源下进一步发展该想法。

更加正式的公司内部创业结构是跨领域的新产品开发部门。这个部门通常由副总裁牵头，鼓励创新和提出关于新产品或新服务的想法。个人提案被公司通过后将获得时间和资源，以进一步开发项目。在组织中设立如此高级别的部门，能够向所有员工展示公司内部创业的重要性。

公司内部创业的最终目的是使其概念和过程贯穿于整个组织。鼓励并奖励创造和创新带来的回报是，新产品、新服务和新流程不断涌现。变化和灵活性是这种有机结构的核心，公司内部创业得以蓬勃发展和扩大。

开展公司内部创业项目

每个公司内部创业项目都是为满足特定组织的文化和目标而开发的。开发具体项目的程序反映了这一点，并且最终方案本身因组织而异。能够高效开发公司内部创业项目的程序将会在第12章中详细讨论。由于规模、性质以及行业的不同，不同组织创业项目的程序也不尽相同。

创业项目程序在一些公司已经得到成功实践，比如在开发革命性药物方面有着悠久历史的基因泰克公司（Genentech）。基因泰克公司形成了一种强调和奖励好奇心和创造力的文化，并鼓励冒险。尽管管理层认为绝大多数这种高风险的项目并不会成功，公司依然鼓励员工发起高风险的项目。不过，一旦取得成功便是真正的突破，如抗癌药物阿瓦斯汀（Avastin）。

基因泰克公司是唯一一家拥有博士后项目的制药公司，拥有博士学位的员工可以获得四年的奖学金。在这段时间内，选定的员工可以专注于自己感兴趣的基础研究，以开发新的产品。该计划使创新创业精神流入整个科研团队，反过来也起到了鼓励公司内部创业的作用，同时也能够吸引顶尖人才。研究的主要发现将会发表在科学杂志上，这为基因泰克公司在制药研究领域奠定了信誉和创新地位。

评估标准

如同开发公司内部创业项目的程序和项目本身千差万别，不同组织的评价准则也存在较大的差异。组织成员的最初反应通常是项目不会持续很久，因为在公司文化中新的变化往往难以持久。这就是为什么公司需要一个较长时期的资源承诺。一些标准的评估准则如下所示，其中控制方面是第 7 章的讨论重点。标准必须尽可能采用定量方法，并为每个准则制定详细的指引，同时采用 5 级或 7 级量表的定性测量。

公司内部创业提案的评价标准

- 与组织的契合程度
- 初始投资需求较低
- 有经验的创业领袖

- 具有产品或服务所在行业的经验
- 竞争威胁较低
- 专有技术
- 高毛利率
- 高回报率

在许多公司内部创业文化中一个非常重要的评估提案准则，是提案与组织愿景和核心业务的契合程度，在美国运通公司的案例中这个原则就得以体现。一些组织认识到这一准则的优势，并通过它来扩大组织规模，而其他一些组织则通过公司内部创业来扩大组织在新领域的规模。需要注意的是要消除影响创新想法的明显障碍，特别要重视管理高层的反应。在某《财富》500强公司，某部门的领导对一个公司内部创业提案的回应是"这是不可能的，因为它在另一个部门的职责范围内"时，有许多参与者热情支持的公司内部创业项目也会被严重阻碍，参与到该自愿性项目中的成员的热情深受打击，甚至难以恢复。

尽管公司内部创业提案与组织的契合程度需要被明确，但它也反映了另外两个准则的重要性——丰富的创业领导经验和具备所提出的产品或服务所在行业的经验。如果符合这两个准则，那么公司内部创业提案将会有更高的成功率。对于第一次进行风险投资来说尤其如此，因为通过早期的成功案例来建立热情和维持管理高层的支持是非常重要的。一家位于俄亥俄州克利夫兰的中型公司就通过非常谨慎的选择确保初始投资能够满足上述两个准则，从而获得支持。

其他经常使用的更具体的评价准则包括初始投资低、竞争威胁低、拥有专利技术、毛利率高和回报率高。鉴于新创企业在公司内部或外部的低成功率，相较于只投资一两个高投入提案，投资更多前期投入低的提案更有利于分散投资风险。专有技术提案，特别是拥有知识产权保护的提案，与一开始就需要大量资金的提案相比，在可持续性与成功率方面要好得多。最初预期的高毛利率也很重要，因为许多投资最终的成本比预期高出约 30％，产生收益的时间也比预期长 30％。虽然高毛利率和高回报率是非常有用的准则，但要注意避免"利润刚性"，即设定不变的固定回报率，它会影响对有其他回报方式的公司内部创业提案的投资。

创业氛围指标

在启动公司内部创业规划之前，需要建立一个基准来评估公司目前的内部创业氛围，至少每六个月进行一次评估，看看氛围是否已经改变，是否正朝着更加创业化的方向发展。通过建立监控系统，公司可以衡量其内部创业项目的影响，并找到需要改进的领域。基准指标与组织的特点相关并且因组织不同而异，使用较多的指标如下。

公司内部创业氛围的指标
- 鼓励自荐
- 不互相推诿
- 鼓励新想法
- 允许失败
- 不存在家长作风
- 允许风险、失败和错误
- 看重长期的资金回报

- 跨部门团队
- 不给机会设限
- 长远眼光
- 管理高层的支持
- 资源可获得
- 由过去五年里引进的新产品或服务创造的年销售额百分比
- 由过去三年里的新增客户创造的年销售额百分比

其中一些指标已在本章或前几章中讨论过，例如不存在家长作风、长远的眼光、看重长期回报的资金，以及管理高层的支持。其他一些指标也很重要，应加以监测。

其中之一便是过去五年在市场上推出的新产品或新服务在销售额中的占比。尽管指标的发展应该考虑到行业和市场的性质，但如果公司内部创业项目的目标之一是创造新一代产品或服务，那么这个比例应该增加。一些公司依赖于持续的新产品或服务，例如，美国英维康公司（Invacare）是家庭保健产品领域（特别是轮椅行业）的领先者，其目标是使过去 24 个月内引进的新产品能够创造收入的 40％。为了实现这一目标，公司不断增加在研发和创新方面的投资。根据英维康公司董事长兼首席执行官的说法：“你必须专注于不断地为你的客户提供新的优质产品。”无论建立的指标是什么，都应该每六个月进行评估，以确保组织正在提供新的优质产品或服务，并且是具有创造性和创新性的。

需要定期监测的公司内部创业氛围的另一个关键指标是，每年从新客户处获得的销售额在过去三年中所占的比例。虽然创造型和创新型的组织希望保留忠实的客户群，并且保持较低的客户流失率，但这些公司也希望继续增加新客户。这样可以使公司通过增加现有客户的购买，叠加新客户带来的新增销售获得成长。公司内部创业的氛围将会促进组织与新客户一起，创造创新产品或服务。

小　结

本章的重点是公司内部创业过程。首先，讨论了公司内部创业的组织障碍。然后介绍了常用的四种组织结构：在人力资源部门内部设子部门、新产品子公司、新产品开发部门以及在整个组织中传播相关概念和流程。

在讨论了公司内部创业提案的评估准则之后，最后还讨论了衡量公司内部创业氛围的指标。

06

组织创业

组织应如何发展内部创业文化来培育创业活动？公司内部创业最适合的结构是什么？公司内部创业发展成官僚结构的危险是什么？如何有效地组织和管理公司内部创业？

情境案例 ————————————————————

西门子

西门子公司于 1847 年由维尔纳·冯·西门子创立，当时称作 Telegraphenbauanstalt von Siemens & Halske。维尔纳·冯·西门子是一位德国电气工程师，是一位有远见的发明家和企业家，并在 19 世纪对技术进步做出了重大贡献。几十年来，西门子公司从一个小型工程车间，发展成为世界上最大的电气工程和电子公司之一。

在过去的 170 年中，西门子一直致力于国际化和全球化。西门子是一家全球性的厂商，在全球 190 多个国家和地区开展业务，为客户提供快速、本地化的定制解决方案，有大约 405 000 名员工。历经 170 年，西门子从一个柏林的小型工程车间，发展成为一家全球性的大公司，几乎没有工业企业能够实现如此长时间的成功。

从 1847 年设计指针式电报机，到 1865 年西门子开始了其初步扩张。十几年内，成立于柏林的小型工程车间发展成为一个国际化公司。从 1865 年到 1890 年，维尔纳·冯·西门子推动了公司的全球扩张，并增加了在欧洲各国的代理机构。自从西门子在 1866 年发明了直流发电机，西门子公司的扩张证明电的应用潜力是无限的。

从 1890—1918 年，通过合并和合作，西门子公司实现了进一步的发展。维尔纳·冯·西门子 1890 年退休，1892 年去世。他的继承者按照他设定的发展路线，识别技术发展带来的市场机会，不断推进和发展公司。1897 年，Siemens & Halske 转变成股份制公司，将收购与合作作为目标，覆盖了电气工程的各个方面。第二次世界大战之后，继照明、医疗工程、无线通信，以及 20 世纪 20 年代的家用电器之后，西门子又涉足了组件、数据处理系统、汽车系统和半导体。西门子公司是其行业中唯一一个经营涉及电信和电力工程的公司。由于第一次世界大战，西门子失去了将近 40% 的业务资产，包括其在国外的大部分专利权。20 世纪 20 年代中期，西门子家族再次成为世界五大电气公司之一。

第二次世界大战结束时，西门子在柏林的大多数建筑和生产设施被摧毁。1945—1966 年间，西门子进行了内部重建，继续成为全球化的一员。由于政治的不确定性，1949 年 4 月，Siemens &

Halske 迁到慕尼黑，总部设在柏林的德国电气工程公司 Siemens-Schuckertwerke 迁到了埃尔兰根和纽伦堡。公司专注于加强传统核心专业技术，并投资半导体和数据技术等强劲增长的新业务领域，最终又成功地回到全球市场。

1966 年，为了汇集公司的各种业务和能力，Siemens&Halske AG，Siemens-Schuckertwerke AG 和 Siemens-Reiniger-Werke AG 于 10 月 1 日合并成为 Siemens AG。从 20 世纪 70 年代开始，西门子推进其在美国、西欧和亚洲电力市场的扩张。卓越的技术成果、有机增长和积极的投资政策的结合，给西门子带来了在公司战略的重要领域（如电力、数据和通信技术）的强大市场地位。

1989—2008 年是管制放松和全球化的时代。20 世纪 80 年代末西门子管理层引入了结构改革，为在全球市场上的成功运营奠定了基础。20 世纪 90 年代，西门子基于生产力、创新和增长的需要，战略支柱开始转变。在此期间，公司追求积极的投资组合管理。1990 年，西门子收购了陷入困境的 Nixdorf 计算机公司并更名为 Siemens Nixdorf Informationssysteme AG（SNI），成为欧洲计算机行业中最大的公司。基于提高发电部门盈利能力的目的，西门子于 1998 年在美国收购了西屋电气公司（Westinghouse）的化石燃料发电站业务。20 世纪 90 年代后期以来，西门子一直致力于通过剥离、收购、成立新公司以及成立合资企业来优化其业务组合。1999 年，西门子将半导体业务分离出来，成立了一家新的公司——Epcos&Infineon Technologies，并在证券交易所上市。该公司收购了 Atecs Mannesmann AG 的多数股权，并将西门子的核工业业务与法国法马通公司（Framatome）进行合并。

西门子自1847年成立以来，在技术和主要项目上展现了其突出的创新能力。西门子的创新里程碑主要集中在以下领域：(1)信息和通信（指针式电报机、俄罗斯电报网、地面站和指纹传感器）；(2)发电、输电和配电（发电机、本生式锅炉、香农发电厂、膨胀断路器、卡布拉巴萨发电厂、燃料电池和燃气轮机）；(3)交通（电动电车、布达佩斯地铁、第一交通信号灯装置、多特蒙德铁路、城际快车（ICE）、柴油催化转化器和磁悬浮列车）；(4)保健（X射线球、电子加速器、超声心动图、心脏起搏器、超声诊断、核磁共振断层扫描和PET扫描仪）；(5)工业自动化和建筑技术（轧机电机、水银蒸汽整流器、全集成自动化、增强现实技术和智能火警监控系统）；(6)照明技术（差异化弧光灯、钽丝灯和发光二极管）；(7)家电和收音机（吸尘泵、炊具、洗衣机、电视机、洗碗机、自动侦测漏水系统和衬衫熨烫机）。

从一开始，西门子就拥有里程碑式的发明、极大的创新意愿和强有力的国际投入，所有这一切都推动了西门子的成功。西门子170年的历史向我们展现了如何将愿景变成现实。其创始人维尔纳·冯·西门子是一位富有远见的发明家和企业家，为19世纪的技术进步做出了巨大贡献。自成立以来，西门子公司已经发展成一个全球性的创新网络，在全球1 640个地点拥有大约40 500名员工及176支研发队伍。西门子是一家全球性集团，其业务范围涉及190多个国家和地区。像西门子这样的创业组织可以通过其灵活性、响应能力、创新性和开放性，在各个层面利用公司的人才进行创新。

对于实践公司内部创业的组织来说，首要的决策是如何更好地组织创业项目的开展。采取的组织形式的特点会决定公司内部创业企业的自主程度。为了确保公司内部创业项目的有效开发和商业化，必须明确两者之间的关联性，并适度地分配自主权。某些组织问题，例如分配给新的创业项目的自主程度，将受到其与组织相关程度的影响。

公司内部创业将是组织未来成功的关键因素，特别是当内部创业与组织文化、结构、关联性和自主程度相关时。组织文化、结构、关联性和自主程度为公司内部创业的发生创造了机会。公司的 CEO 需要确保在战略、结构、人员和流程方面拥有足够的内部多样性，以这种方式组织创业活动，才能促进不同类型的公司内部创业。

本章主要讨论组织公司内部创业的四个主要方面，包括文化、组织结构、关联性和自主程度以及组织的有效性，分析目前新出现的公司内部创业的多种组织文化、结构和自主程度。

文 化

组织文化是指一个组织对于机遇、问题、实践和目标的共同的想法、价值观和信念。文化是组织对卓越的承诺的一个基本组成部分，也是员工行为和承诺的决定因素。共同的组织愿景是组织文化的一个重要方面，因为它可以通过创建共同的语言和相互理解，来克服现有组织和创业项目之间的潜在边界。共享语言对于有效的沟通和知识交流至关重要。共同的愿景可以帮助识别组织内的价值和知识。在 3M 公司，有一个不成文的规则，研究人员在不需要管理层批准的情况下，可以将 15% 的时间用在自己的创意上。

高效的公司内部创业文化包括为成功喝彩、从失败中学习和提供筛选机制以促进创新和创造力。在诸如 3M、戴尔、惠普、IBM、朗讯、微软、诺基亚和夏普等公司中，都存在着独特的声誉和文化。组织文化是一个非常有影响力的因素，是在组织内促进创业活动的第一步。它决定了"在这里做事情的方式"。积极的文化应符合组织的愿景、使命和战略，并有助于促进期望的行为。

公司内部创业组织的挑战是确定有利于组织中创业精神的文化特征。许多研究人员已经识别了公司内部创业文化的各个方面，如风险、情感承诺、授权、参与、实验研究、可视化管理、透明、认可和特色团队。以下是公司内部创业组织文化的重要特点：

● 创新。在组织的各个层面鼓励和支持具有未来可能性的创新和创造性想法。

● 支持环境。推动、激励和促进员工自主创新、创造和发明。

● 团队工作。鼓励和促进多元背景的团队工作方法，以实现更大的协同。"臭鼬工坊"（skunkworks）通过使用具有一定技能的人员，来促进公司内部创业的成功，以灌输较高的群体认同感和忠诚度。

● 所需资源的可用性和可得性。人力资源和财务资源必须可用并且容易获得，以便能够迅速捕获"机会窗口"。组织需要消除可能阻碍创业过程的任何障碍或限制。

● 容忍错误。在企业创业过程中应该鼓励反复尝试，其中错误是不可避免的，要包容错误的发生。例如，诺基亚有一种允许和支持错误的文化；宝马有一个"成功的失败"计划，向在新创意付诸实践过程中失败的员工授予"月度失败奖"。

● 适当的奖励制度。将员工视为创业过程中非常有价值的成员，并对他们在创造一个新的创业项目过程中表现出的动力、激情、努力和坚持不懈进行奖励。奖励应以实现既定的绩效目标为基础。

● 长期导向。公司环境必须建立长期的导向，因为在对企业的利益进行评估和评价时需要时间和耐心。

● 公司内部创业斗士。一般是指具备支持创新和创造活动的人才，他们对创业项目来说是十分有帮助的。

● 管理高层的支持。公司内部创业需要得到管理高层的全力支持和拥护。没有管理高层的支持，创业活动不可能存在。

公司内部创业组织需要发展一种鼓励创新、创造力和实验工作的文化。它们还必须消除阻碍机会的因素，促进团队合作，确保资源可用性，并获得管理高层的支持。Adobe、英特尔、朗讯、太阳微系统和施乐等公司均推出了内部创业资本计划，促进进一步的创新与创造。除了创新和创造，CEO 需要具有灵活性与战略眼光，鼓励在公司组织结构内跨部门的团队合作。朗讯于 1997 年创立了新的创业集团（NVG），以便将贝尔实验室的技术商业化。朗讯认为，对于 NVG 来说最大的挑战便是在组织文化中培育创业精神。

核心意识形态和愿景展望

核心意识形态是对组织"存在原因"的理解，它回答了组织为什么被创建这一首要问题。核心意识形态解决了组织的"性格"问题，组织中每个人最重要的信条、指导原则、价值观和期望是什么？它是基于组织文化，随着时间的推移，通过响应外部和内部刺激而逐步发展出的概念。良好的意识形态和良好的执行力，将塑造个体在组织中的态度、习惯和行为。由核心意识形态（核心价值观和核心目标）及未来预期组成的愿景，对公司内部创业组织起着导向作用。核心价值观和核心目标是不变的，而愿景则是组织渴望达到和实现的。未来预期的复杂性和范围各不相同，取决于组织预期实现的目标的难度。在杰克·韦尔奇担任通用电气公司 CEO 期间，他有一个目标——通用的每个部门都应该是其各自行业的第一或第二；如果不能实现该目标，他认为通用应该退出相应的业务。很少有企业领导人像杰克·韦尔奇一样有如此清晰定义和紧密联系的经营理念。

核心价值观是组织中不需要被外界认可的基本的和持久的原则。3M 公司的核心价值观包括"你不应该杀死"一个新的产品理念、绝对诚实、尊重个人主观能动性和个体成长、容忍错误、确保产品质量和可靠性。默克公司的核心价值观包括企业社会责任、组织各个方面的卓越、科学创新、诚实和诚信，以及有益于人类的工作回馈。索尼公司的核心价值观包括成为先锋、超越可能、鼓励个体能力和创造力。迪士尼公司将迪士尼魔法作为其核心价值观的一部分。

核心目标是组织存在的原因，不要与具体目标、目的或战略相混淆，它是从事组织工作的理想主义动机。3M 的核心目标是创新地解决没有被解决的问题。惠普的核心目标是为人类的进步和福利做出技术贡献。麦肯锡公司的核心目标是帮助领先企业和政府更加成功。默克公司的核心目标是维持和改善人类生活。耐克的核心目标是体验竞争、胜利和击败对手的感受。索尼公司的核心目标是体验为了公众利益而改善和应用技术的快乐。Tele-care 公司的核心目标是帮助有精神障碍的人看到自身的潜力。迪士尼公司的核心目标是使人们感到快乐。尽管为了适应快节奏、迅速变化的环境，公司的战略和实践不断发生改变，但获得持续成功的组织都具有稳定的核心价值观和核心目标，如 3M、惠普、强生、默克、摩托罗拉、宝洁和索尼。

当组织欲创造一个公司内部创业环境时，文化是这种环境的所有其他组成部分的基础。结构、关联性和自主程度以及环境的其他方面都需要与组织的公司内部创业文化的关键方面保持一致。

新创企业的组织设计

一般来说，新的公司内部创业企业的设计很简单。实际上，CEO 可能单独或与一两个人一起处理新创企业的所有事务。随着工作量的增加，新创企业的组织结构需要扩展，以便纳入额外的团队成员。需要采取有效的面试和招聘程序，以确保新员工能够有效地与新创企业共同成长，并走向成熟，这将在第 10 章中进一步讨论。

所有涉及员工角色和职责的决策都反映了组织的正式结构。此外，长期演变形成的非正式结构或组织文化需要由 CEO 来定义，在组织文化方面，CEO 可以对其如何演变和发展进行控制，并帮助确保其与母公司相互独立。

组织的设计由 CEO 决定，它体现了组织成员的期望。组织设计通常可以划分为下述五个领域：

● 组织结构。组织结构定义了个体的工作、指挥链和沟通渠道，这些关系反映在组织结构图中。

● 计划、测试和评估方案。所有组织活动都应反映新创企业的目标，并清楚地展示这些目标将如何实现、测试和评估。

● 补偿和奖励。组织需要以股权、奖金、晋升、认可等形式对组织成员提供补偿和奖励。

● 招聘和筛选。需要制定一套详细的准则，用于从公司内部或外部为每个职位招聘、选择和保留合适的人才（见第 10 章）。

● 培训和发展。在职或脱产的培训十分有必要，培训可以采取正式的教育或技能学习的形式。

组织的设计可以非常简单，即 CEO 和其团队执行所有任务；也可以复杂一些，即雇用其他员工来执行特定任务。随着组织越来越大，越来越复杂，期望与促进新创企业的成长和发展越来越相关。

随着组织的发展，CEO 或风险投资经理的决策对于一个有效的新创企业至关重要。CEO 首要关注的应是适应环境的变化，寻求新的创新和创造性想法。当有了一个新的想法时，CEO 需要开始对其开发。此外，CEO 还需要应对压力，如不满意的客户、违反合同的供应商或威胁退出的关键员工。初创阶段的大部分时间都将用于处理各种障碍。

CEO 和投资风险经理的另一个角色是有效地分配资源，涉及预算和授权。资源分配是一个非常复杂且困难的过程，因为一个决策将会影响其他决策。最终的决策权由负责谈判的人确定。合同、工资和原材料价格的谈判都是工作的一部分。

公司内部创业的组织结构

虽然结构和系统对于管理和控制公司是必要的，但也需要为公司内部创业留出一定的灵活性。公司内部创业组织结构取决于组织的规模、市场类型、组织和风险目标，以及人力资源的可用性。官僚体制是一种正式的组织结构，其特征是严格的控制系统，刚性、结构化的沟通渠道，专业化、层级化和基于专业知识的职位安排。这些官僚的特征会抑制公司内部创业的发展。组织结构越层级化，组织识别机会、获得高层支持、重新分配资源和承担风险的难度越大。官僚体制无法提供对于公司内部创业至关重要的灵活性、适应性、速度或创新和创造力激励。

当杰克·韦尔奇接手通用时，他将通用的管理层级从 19 层改为 11 层，10 年后又减少至 6 层。通用使用了"无边界"一词，其重点是消除官僚主义。有机的组织结构更具适应性、灵活性，实施弹性管控，权力更加分散，沟通更加开放，进而产生更高效的决策和授权。

公司内部创业需要创新和创造性思维，尤其当外部环境变得更加动态时，这一点尤为重要。由于公司内部创业是沟通密集型的，并且由于大部分的沟通是非正式和非计划的，公司汇报系统必须能够促进整体横向和纵向的有效沟通。这意味着公司内部创业组织需要确保有机式的组织结构。

有机式组织结构能够促进高水平的风险投资，在这种环境下公司内部创业最有可能发生，公司内部创业的有机式组织结构具有以下特点：

- 风险投资管理者有自主权和资源来推动公司内部创业。
- 组织结构尽可能扁平化。
- 根据个体技能和专长进行授权。
- 关注结果而不是过程。
- 去中心化的决策制定机制。
- 有明显的开放式沟通和非正式的控制系统。
- 团队工作是公司内部创业过程的一个组成部分。

在大型公司内部创业组织中，发展和规划的责任可以落实到公司层面或部门层面，也可由两者共担。当部门不具备开发新产品或新服务所需的能力时，在企业层面落实这一责任可能是唯一的选择。当企业的创新和创造力水平超过当前业务部门需要，并且可以在创业初期阶段节约成本时，这种选择尤其有利。

当部门规模较大并且具有一定的自主权时，在部门层面上进行风险活动是适宜的，部门经理通常对客户的需求、要求和期望更敏感。如果企业层面负责的产品或服务具有较高的风险，企业和部门层面的创业活动可以结合。这能够赋予部门经理所需的控制权，而公司管理者则专注于新产品或服务等长期问题。但这也有可能由于难以达成共识而导致额外的冲突。

自主程度受到组织的整体结构、管理模式、所属行业类型，以及开发新产品或新服务的风险的影响。花王公司是一家进口化妆品的批发商，其管理模式基于三个基本原则：以客户为导向的精神，每个人都具有同等价值，结合能力和目标以最大限度地提高效率。这些原则推动了花王的三个主要管理实践：全系统管理、团队管理和研发工作。无论采取何种形式的报告制度，指挥链和沟通渠道都必须支持公司内部创业的关键目标，从而促进整个组织的创新和创造力。

支持新产品或新服务开发过程的组织结构，要求组织对项目拥有所有权，并能解决几个具有挑战性的问题：谁具有所需的技能和专业知识，以及处于什么水平？组织如何在创业活动方面实现跨部门和上下级的开放式沟通、互信、协作和团队合作？公司内部创业的主要责任可以通过各种方式处理。

公司内部创业新产品或服务开发过程中的组织结构通常包含以下形式：

- 公司内部创业部门
- 公司内部创业委员会
- 自主创业单元
- 专业顾问
- 公司内部创业经理
- 部门创业单元
- 公司内部创业团队

公司内部创业团队结构最适合用于大公司的新产品或新服务开发，而不是进行产品或服务拓展。而在较小的组织中，由于对所需的全职人员缺乏预算，新产品或新服务的规划和开发可采用创业委员会的形式。拥有多个产品或服务线的组织可能希望采用公司内部创业经理的形式，因为它能够使组织聚焦于特定产品和服务的开发。当开发涉及产品或服务的扩展、改进、进入新市场或重新定位等决策时，这种结构特别有益。

美国艾禾美公司（Arm&Hammer）同时开发新产品和新市场。该公司通过将其核心产品——烘焙苏打——创造性地引入新产品市场领域，实现了丰厚的财务回报。艾禾美公司利用了新产品出现的市场机会，这个市场未被其竞争对手认可和重视，开发了小苏打牙膏和除臭产品并成功推向市场。新创业公司需增进和发展现有组织内的创业活动，这些创业活动应能够与组织整合，并从中受益。

任何组织结构的成功都需要得到公司高层的支持。管理高层必须认识到，他们对公司内部创业的态度和行为将是组织文化的一部分，并将反映到所做的决策中。任何与风险投资相关的消极态度都会削弱其发展，扼杀创新和创造力。无论什么形式的组织结构，都需要有一个强有力的、可见的高层的大力支持。

关联性与内部创业自主程度

公司内部创业组织工作需要一个强调开放式沟通、员工授权和奖励员工绩效的系统。开放式沟通被认为是公司创业信息共享和授权的一种方法。沟通对成功至关重要。

无障碍的哲学也很重要，因为无障碍组织通常包含层级较少的管理体系、规模较小的业务部门，能够促进团队和跨学科工作组的创建，加强纵向和横向开放沟通，并对结果负责。为了进行公司内部创业，组织内各级管理者必须倾听、挑战、赞同、实施、赞助和投资于员工的想法。

组织自治是公司内部创业的一个关键因素。自治能够从现有组织中创建出恰当的边界，这提高了创业过程的效率和有效性。为了让自主权能够支持和促进公司的创业项目，公司创业者需要在组织文化和结构内运作，这会促进独立行动和获得机会。自主权为公司内部创业项目提供了自由和主人翁精神，导致更高水平的创新和创造力，并有益于具体项目的实施。

新创企业与现有组织的关联程度将影响自主性水平。关联性表示新创企业可以利用当前组织的知识和资源的程度，以及探索新知识和获得额外资源的程度。探索型的新业务开发活动需要搜索、发现、实验、冒险、创新和产生新知识，关联度较低。相反，应用型的开发活动来自减少多样性和提升企业现有知识资源的有效应用，与当前组织的关联度则较高。

公司内部创业方面的研究表明，探索型和应用型活动需要截然不同的战略、文化、结构、流程和能力，可能对组织适应性和绩效有不同的影响。探索型组织由于既会体验巨大的成功也会经历失败，因此在绩效上会产生极大差异；而应用型组织则可能产生较稳定的绩效。公司内部创业的自主程度，取决于项目可以使用和利用组织内现有知识的程度，但与探索新知识的程度则相反。

不同新创企业在产品、服务、过程、市场、技术和所需资源等方面，与现有组织的关联程度存在很大差异。这些方面的差异会导致新创企业可能与组织当前的活动密切相关，也可能完全无关，这些差异会带来学习上的挑战——有效地管理不同类型的新创业务需要学习更加多样性的知识。上述方面与现有组织越相关，就越容易确定对现有组织资源和能力的需求。新创企业与现有组织越不相关，组织面临的挑战就越大。对新创企业与现有组织的相关性进行评估非常重要，因为它可以帮助确定潜在的协同效应以及障碍。例如，通过共享生产设施可以实现技术协同增效；也可以从现有的配送和销售系统中获益，从而促进销售协同增效。

新创企业与现有组织之间的一致性或匹配性越大，合法和持续获得现有资源的程度就越高。与现有组织有高度关联性的新创业务具有获得关键资源的途径，这些关键资源可以为新创企业提供竞争优势，提高产品上市速度，并提供技术进步方面的支持。管理新企业的创业者在资源分配方面，需要认识企业的内部政治问题，并遵守现有的企业文化、结构、关联性和自主程度。

具有关联性的公司内部创业项目在现有组织的知识和资源框架之内。在开发阶段，具有关联性的项目受益于与现有组织的紧密整合。克莱斯勒公司把来自组织各处的管理人员和员工整合在一起，实现了整个组织的职能整合。克莱斯勒公司因其产品开发周期、时间和产品质量以及流程再造理论，在全球汽车行业中享有公认的领先地位。较低的自主性促进了知识共享和资源利用，防止创业项目与现有组织之间不必要的重复。在商业化期间，针对关联市场的公司内部创业项目具有较少的自主权，具有最大化利用组织现有市场知识和能力的潜力。

不具有关联性的公司内部创业项目处于组织现有的知识和资源框架之外。研究表明，在开发阶段有必要提供更多的自主权。新的公司内部创业项目相较现有组织差异性越大所需的自主程度越高，这样可以减少潜在干扰和开发中不必要的延迟。创业项目以最适合自己的方式运作，从而提高项目开发的效率，更好地利用资源。为了利于探索市场知识和能力，在商业化阶段需要给予关联度低的公司内部创业项目更大的自主性。

发展公司创业团队和成功文化

在组建和发展公司内部创业团队之前，有一些关键问题需要解决。团队必须能够实现以下三个职能：

- 执行创业计划。
- 识别出现的根本性变化。
- 根据环境和市场的变化对创业计划进行调整，这会维持盈利和发展。

虽然这些职能看起来可能并不复杂，但实现它们却受制于组织的员工和文化。不仅个人的能力很重要，每个人的性格和品质也很重要。组织文化是价值观、态度、行为、衣着和沟通风格的综合体现，从而使一个组织区别于另一个组织。在招聘和组建有效的公司内部创业团队，创造有效和积极的组织文化方面，有一些重要的建议和策略，主要包括：

- 文化必须与新的公司内部创业计划中的业务战略相适应。
- 新创企业的领导必须创造一个能够激励员工和奖励优秀成果的工作环境。
- 领导新创企业的人员需要灵活地适应新机会和新方法，以实现佳绩。
- 需要对招聘和筛选过程给予足够时间和投入，以选择合适的创业团队。招聘和筛选过程中需要制定候选人的筛选、面试和评估程序。与所需文化相匹配的工作描述和人员规范应作为此过程的一部分。

● 领导新创企业的人员需要了解领导力的重要性。领导力应有助于建立核心价值，并提供适当的工具便于员工高效地完成工作。

寻找最有效的团队和创造积极的组织文化确实是一个重要挑战。图 6-1 显示了确保母公司、新创企业和创业环境之间有效互动的重要性。通过确保新创企业与创业环境的互动程度与母公司一致，可以提高新创企业成功的机会。遗憾的是，很少有组织根据企业早期吸引创业导师、咨询顾问和外部人才的效果来评价一个新创企业。

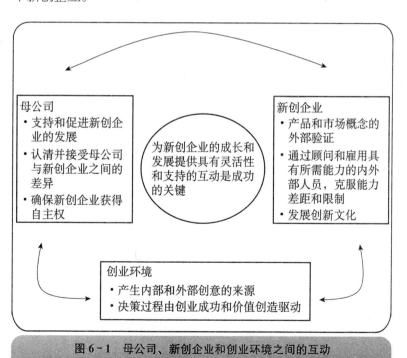

图 6-1   母公司、新创企业和创业环境之间的互动

有效组织公司创业活动

为了有效地组织公司内部创业，需要建立包含适宜文化和支持系统的组织文化（见表6-1和表6-2）。

支持公司内部创业的文化使得管理与创业相关的活动更加高效。文化需要建立核心意识形态、现行和未来的实践以及行为准则，以满足战略执行中激励员工创新和创造性的要求。如果没有高层管理人员的支持，提供适当培训，鼓励和容忍错误，奖励公司内部创业，参与性的决策文化将会失败。如果员工要参与团队，他们需要在文化上融入组织。

重视创新和变革的企业文化将更愿意为公司内部创业活动提供所需的资源（人力、物力和财力）。当组织使用资源（例如人员）时可能会出现问题，因为可用资源可能无法充分匹配所需的标准和能力。资源不仅必须适应企业创业的需要，而且必须及时提供。不恰当的资源使用，或在现有组织公司创业之间分配不足，将降低成功的概率。

表6-1　　　　　　　　　　公司创业的结构

支持结构	有利因素	不利因素	汇报机制
公司内部创业部门 某一分支中的部门	集中协调、控制和决策，增强对机会的响应能力	重复努力；资源使用效率低下	副董事长
公司内部创业委员会 非正式的具有特殊功能的多样化代表	主要管理人员的想法和专业知识；对于特定的目的需要采用头脑风暴生成和筛选想法	缺乏明确的权力和责任；可能会浪费时间	产品或服务经理

续前表

支持结构	有利因素	不利因素	汇报机制
自主创业单元 成员是从各种功能领域中选择的。当产品或服务与现有业务无关时需要特别注意	可以进入在没有自主创业单元的情况下不可能进入的新产品；全职创业团队；组织中人才合作可以实现协同效应	如果部门主管不懂得如何合作和分配工作人员到团队，可能发生部门冲突	部门领导
专业顾问 专业的外部顾问	顾问有专门的培训；他们不参与内部政治；他们为创业过程带来可信度和外部视角	外部服务可能十分昂贵且耗时；组织内部可能存在对顾问的抵制	公司内部创业经理
公司内部创业经理 负责新产品或服务的经理	特定市场的专家和营销组合中的多面手	承担与现有产品或服务有关的责任，没有时间进行新产品或新服务开发	总经理
部门创业单元 一个大型的自给自足的部门	集中控制和协调，用以提高效率和有效性；承诺和长期导向；管理高层的支持；资源的可用性	需要与其他组织部门协调	部门领导

表 6 - 2   组织公司内部创业的总结

文化	支持系统
√愿景	√有机的组织机构
√价值	√创新的管理者和领导者
√信念	√开放式沟通
√一致的语言	√授予与特定企业相关的自主权和责任
√创新	√灵活性和适应性
√学习	√团队导向
√委托	√资源利用
√授权	√形成对创新和创造力的激励机制
√团队合作	
√灵活性	

小　结

　　最成功的公司内部创业组织，是那些能够将过去创新经验中获得的知识纳入其战略和未来创新中的组织。想要成功实现公司内部创业，需要有效地实施组织工作：鼓舞员工开拓新市场和多元化；衡量多种绩效指标；接受风险和错误；支持灵活和流动的组织结构，以最大限度地减少官僚主义和最大化组织结构的灵活性；评估创新计划对战略的贡献。

　　将公司内部创业活动有效地融入组织战略，是发展创新和创造性方法的基础，也是发展新创意并实施的方式。公司内部创业项目应与现有组织更紧密地结合，以实现潜在的协同增效。不具有关联性的公司内部创业项目需要获得更多的自主权，以增加创业成功的机会。

07

控制创业

公司内部创业控制系统的要点有哪些？应如何评估公司内部
创业活动？传统的组织控制系统应该让位给公司创业控制系统
吗？为什么财务和非财务控制方法都很重要？

————————————————————

美国礼品公司

世界上最大的上市贺卡公司美国礼品公司（AG），由俄亥俄
州克利夫兰的波兰移民雅各布·萨皮尔施泰因于 1906 年创立。
当时他借到 50 美元买了一些明信片，然后卖给药店、精品店和
糖果商。第一周过去后，他用卖卡所挣的钱偿还了借款，并节余
下 50 美元可以投资下周的业务。不久之后，美国礼品公司发展
成一个家族企业。1921 年，这个家族企业销售总额达到 11 500
美元，大约相当于今天的 100 000 美元。

1929 年，美国礼品公司推出了第一个自助贺卡展示设备。这一创新今天仍然是世界标准的贺卡展示方案。到了 1936 年，礼品公司开始印刷自己的卡片。礼品公司在 1952 年取得了显著的业绩增长，其首次公开发售的股票售出 20 万股，每股 12 美元。1956 年礼品公司在克利夫兰经营 9 家工厂，每天生产 180 万张贺卡，并收购了卡尔顿贺卡公司。1957 年礼品公司推出了一种新的贺卡——Hi Brows，其特点是小巧精致，是一种具有漫画和卡通风格的艺术品。1967 年礼品公司推出了霍莉霍比（Holly Hobbie），其优美的构图赢得了数百万消费者的喜爱。到 1977 年，霍莉霍比成为世界上最受欢迎的女性卡通人物之一。

礼品公司 1968 年收购了 Feliciataciones Nacionales，于 1978 年创立了 AG Industries，Inc.——美国最大的展示设备公司。1979 年礼品公司又收购了生产圣诞包装、盒装卡和配件的制造商 Plus Mark Canada。

草莓女孩系列 1980 年首次亮相。到 1981 年，这个系列带来了 5 亿美元的零售额。在不到一年的时间里，有超过 600 种不同的草莓女孩系列产品面市。1980 年，礼品公司收购了多伦多的 Rust Craft 贺卡公司，并收购了位于英格兰北安普敦郡寇比镇的 Celebration Arts 集团有限公司。1982 年，礼品公司又推出了爱心熊系列。五年之内，爱心熊系列产品的零售额超过 20 亿美元。1986 年，礼品公司取得 10 亿美元的里程碑式销售业绩。后续对澳大利亚和新西兰 John Sands 公司以及南非 S. A. Greetings 公司的收购，进一步增强了礼品公司在国际上的影响力。

礼品公司在 1996 年推出了自己的网站，出售纸质贺卡、电子贺卡、糖果、鲜花和礼品等。目前，AG Interactive 通过旗舰网站（包括 egreetings.com 和 BlueMountain.com）提供海量创意选择。该公司在 1998 年推出了 Dateworks，作为一个单独的业务单位销售公司的日历产品线产品。2002 年爱心熊系列凭借 Care-a-lot 获得重生，2003 年经典的草莓女孩系列以"草莓女孩和她的朋友"重新引入市场。2004 年移动技术出现后，礼品公司宣布成立 AG 移动作为公司的无线部门。由于新媒体的发展，公司改名为 AG Interactive。2008 年，礼品公司收购了 PhotoWorks 和 Webshots 两个在线照片共享和发布网站。2009 年，礼品公司收购了 Recycled Paper Greetings 和 Papyrus 两个品牌。

美国礼品公司不断开发减少浪费和创造环保产品的方式，并持续探索使其运营更节能。礼品公司主要通过以下方式实现其可持续发展：

- 社会活动。通过捐赠、志愿服务和选择赞助支持大克利夫兰联合道路与各种地方组织。
- 协作。通过无纸化通信系统和企业赞助活动，帮助合作伙伴减少浪费和能源消耗。
- 零售。重视可持续发展并采取了多项举措，包括为销售部门引入新的货车队以减少温室气体排放。
- 运营。确保可持续发展计划贯穿其整个业务链。
- 最终产品。通过废弃物管理的协议，保障产品满足可持续发展的需求。

礼品公司对于创新的投入从 1906 年创立起一直持续到现在，并推动公司协助消费者通过自我表达增强其人际关系。

管理控制通常给人一种官僚、刚性以及服从规则、法规、政策

和程序的印象。尽管组织需要控制以确保其实现目标和目的，但管理控制仅是监督组织日常运作的一项管理职能，控制不应过度。

随着组织的发展和成长，控制系统变得愈加复杂。额外的规则、规章制度、政策和程序不断被实施，逐步形成一个限制员工创新和创造力的工作环境。虽然结构和系统对于组织的管理和控制是必要的，但这些政策不应当抑制灵活性、创新或创造性。

这样的控制方法意味着监测和评估组织活动，同时预测可能发生的事件，并确定适当的行动方针。控制涉及保持员工积极性、处理组织面临的问题，并努力利用提高组织绩效的机会。

控制系统的发展对组织中发生的公司内部创业的数量有一定的影响。有效的控制系统应：（1）监控和调节组织及其成员，保证其有效地执行实现组织目标所需的活动；（2）制定组织战略和结构，使组织能够利用资源为客户创造价值；（3）监测和评估该组织的战略和结构是否按预期推进及如何改进。

本章讨论了公司内部创业活动控制的性质。首先，介绍在开发和开创创业活动控制环节中管理的要素和管理的角色，并提出控制应采用的形式和评测指标。然后讨论了一个有效的创业控制系统应具有的特点，以及开发鼓励公司内部创业的管理控制系统的基本原理和途径。最后介绍了在公司内部创业组织中，将财务和非财务控制手段与获得高水平创新和创造力所需的关键要素相结合的方法。

创业控制的性质

控制可以被定义为一个系统化的过程，管理者通过该过程的有效运作，确保组织活动符合计划、战略和绩效标准中确立的目标。控制通常与委托或授权行为相联系。有效的授权需要制定与组织的理念、战略和目标一致的决策规则。控制系统由组织中的规则、规定、政策、程序、目标和指南等构成，并被整合成为组织的一部分。这些元素可以正式地集成到组织中，或者可以是在某个时间点进行非正式互动。无论如何，控制系统不应过于复杂，否则会抑制创造力和创新。

控制的类型和水平应根据组织的需要调整，并与其他组织机制相联系。公司内部创业的控制机制需要允许充分的自主性和灵活性，并提供与高层管理人员的直接联系以确保获得所需信息。

为了有效地控制组织，管理者必须规划和设置评价标准，这些评价标准既要可以达到，又必须具有一定挑战性，同时需要建立能够及时提供信息并采取行动纠正偏差的沟通系统。在组织层面，管理层需要控制员工的行为，以确保满意的绩效水平。有效的控制系统会随着时间的推移不断发展，并且对发生的变化做出反应。

管理控制系统的要素

一般公司内部创业管理控制系统包含以下五个要素：

- 计划期望。建立明确的目的和目标。
- 建立绩效标准。建立针对目标水平和质量的可实现的测量系统。
- 监控和评估实际业绩。建立准确、相关、及时且可识别偏差的信息报告系统。
- 将实际结果与期望结果进行比较。解释和评估信息，以提供进度的细节，披露偏差和确定原因。

● 纠偏措施。执行最适当的行动方针，可能涉及删除某些流程或裁减员工，或增加培训以提高组织绩效。

控制的形式

对内部创业的控制可以发挥一定的作用，主要采用以下形式：

● 专注于衡量投入（例如，招聘和选人）、行为（例如，绩效考核）或产出（例如测量绩效）。

● 衡量一般结果或特定行为。

● 评估整个组织或组织的一个具体部分或者日常业务活动的绩效。

组织控制的措施与策略

多种类型的控制决定了公司创业的产出（如销售、生产力、成本、盈利能力和增长）和行为（如员工行为、文化、管理能力、奖励和动机）。它们可以分为四大类：个人控制、官僚或集中式控制、产出控制和文化控制。个人控制是集中决策下的直接监督和领导，以实现奖励和惩罚的一致性。官僚或集中式控制是高度形式化的，具有狭义的任务、程序和规则，适用于具体任务、集中决策与奖励和惩罚系统，以实现规则、法规和程序的一致性。产出控制将每个职位或单元设计成关于产出完成、业务委托决策的责任中心，且奖惩与产出目标完成相关。文化控制关注共同的价值观、规范，正式控制很少，但这些正式控制非常强调人员的选择、培训和发展以及面向工作安全和职业发展的奖励。

　　一般来说，正式控制依赖规则、规定、政策和程序，它们指出了所要求达到的产出水平。文化控制依赖共同的价值观和信念。正式的控制系统使用标准化预算、报告系统和政策手册。文化控制要求个体与组织价值观和规范之间保持一致性。

有效控制系统的特点

　　虽然公司内部创业活动需要某种形式的控制，但控制的程度和类型各不相同。重要的是，对于每个任务和不同功能的控制形式是不同的。对内部创业的有效控制体现在如下几点：

● 与组织策略相关。控制应该反映组织在短期和长期内的发展方向。

● 利用所有控制步骤。控制步骤包括设置可实现的绩效标准，收集关于实际绩效的信息，将标准与实际绩效进行比较，并在存在偏差的情况下采取纠正措施。

● 员工广泛接受。员工对控制标准越忠诚、越遵守规则，控制系统将越成功。这通常需要员工直接参与建立这些系统，以增强主人翁精神。

● 平衡客观和主观数据。管理人员需要平衡数量和质量的绩效指标，以确保所有活动都得到关注。

● 准确性。控制系统需要讲求准确，通过信息来检测偏差。

● 灵活性。控制系统需要足够灵活，以适应必需的调整。

● 及时性。控制系统应及时提供信息以便于管理。

　　一个有效的公司内部创业控制系统应该：

- 致力于实现效率、质量和响应客户需求。
- 提高创新水平和创造力：
  - 管理者创造一个允许并鼓励创新的环境。
  - 去中心化的监管使员工自由地尝试和冒险。
- 提供评估公司内部创业者绩效的基础。
- 评估组织的效率和效果。
- 监控产出的质量，从而可以持续改进。
- 使组织对客户的反应更积极。
- 通过最小化失败成本来最大化组织的成功。

一个组织的公司内部创业活动经济上的成功，取决于企业框架和高层管理团队的建立和发展、企业框架和高层管理团队为创业活动提供的所需的资源和控制。实现这些需要建立公司业绩对标基准。

公司内部创业控制系统的目标是期望实现与组织的战略目标相一致的结果。官僚机构和公司内部创业的基本控制特点是不同的，如表 7-1 所示。两者之间的显著差异主要表现为正式和非正式性、集权和分权、刚性和灵活性、专制和授权、自上而下的沟通和水平沟通以及服从和个性。

表 7-1　　　　　官僚机构的控制和公司内部创业控制

官僚型的控制	公司内部创业的控制
局限的明确规则，法规，程序和政策	广泛确定的规则、法规、程序和政策
集权	分权
专制	授权
不灵活、不允许酌情	灵活、允许酌情
正式	非正式
强调一致性	强调个性化
以合规为导向	以人为导向
风险规避	风险容忍

两者之间也存在一些相似之处。有效的控制系统应被所有相关人员理解，并且与组织结构中对绩效负责的决策中心联系在一起。有效的控制系统应能快速识别出与期望的绩效标准之间的偏差，并将重点放在对组织成功至关重要的关键活动上。为了实现有效的控制，创业公司的控制系统应当具有灵活性和应变的能力，同时符合组织的战略目标。

公司内部创业的控制理念

管理控制系统的要素需要与组织的公司内部创业体系联系起来。公司内部创业体系的要素主要包括：

- 广泛定义的高效控制元素
- 对员工信任，并通过授权减少控制
- 内置于工作中的能力和自主权
- 了解授权与控制之间的关系
- 宣传和奖励创业行为
- 开放的沟通与信息传播
- 来自各层级的信任和尊重
- 激励、奖励创新和创造力

许多集中式组织具有所谓的先进且正式的控制系统，以至于创新和创造力被抑制。像杜邦和通用电气这样的公司，其首席执行官了解创新和相关应用系统的流程，这帮助公司避免了创新和创造力遭到抑制。

有效的控制系统和评估过程对公司内部创业至关重要。较高水平的创业公司通常与非正式控制系统联系到一起，更注重结果而不是过程。有时，这些组织的控制在初创阶段非常简单，但逐渐变得复杂，甚至复杂到鼓励官僚体制的程度。这种类型的控制系统过于严密地监控行为和资源利用，并且削弱对员工的授权、抑制创造力，阻碍尝试与冒险。有效的控制系统不是关于更多或更少的控制，而在于控制的类型和程度。

控制程度取决于组织对公司内部创业的期望程度（见表 7 - 2）。如果亚马逊、戴尔、通用电气、IBM、朗讯、3M 和诺基亚等创新型公司没有将正确的战略与有效的控制系统相结合，并用以促进公司内部创业活动，它们就不会取得成功。

表 7 - 2　　控制程度取决于组织所期望的公司内部创业程度

初始创新的类型	控制程度	自主程度
由管理高层严格监督的项目	高	低
特定部门的集中项目	高	低至中
部门或职能举措	中至高	低至中
独立的创业团队项目	中	低至高
独立的创业部门项目	低至中	中至高
风险项目	低	高

一般来说，渐进式创新可以在一个较为严格的控制环境中实现，而不连续创新则需要较高程度的自主性和授权。由特定的职能机构或部门发起的项目通常具有较高的可控性，如研发部门或营销部门。新创立的子公司和创业中的项目一般具有较大的自主性。组织控制需要基于每个功能区或部门的初始用途，以及每个层次中个体具有的创新和创造力来决定。

诺基亚公司向我们展现了一个灵活且适应性强的组织结构和控制系统的重要性，这样的组织和控制系统能够保证新的想法或观点在公司内部流动。诺基亚的每一个业务单元都期待着寻找新的想法，并开发了业务集团中绝大部分的创意。同样地，通过适当的系统，施乐科技创投通过利用那些被轻易放弃的创意，建立了许多新的公司。

创新和创造力控制系统

公司需要能够识别真正机会的流程和控制系统，以便处理和监测这些机会。IBM 面临 PC 操作系统的冲击，AT&T 在互联网中角色不够清晰，巴诺书店面临亚马逊销量日益增长的挑战，这些均突出了公司在确定战略边界时面临的问题。虽然这些公司做过市场调查研究，但是直到新的企业进入市场之后，它们才认识到这些数据的重要性。遗憾的是，有时边界会排斥好的想法并导致组织的孤立。

宜家重新定义了公司边界，新的边界包括提供平板家具的装配服务以渗透日本市场。有多个维度或基本特征会影响到组织边界的刚性，其中一些出现得较为频繁。莫里斯等人提出了与组织战略和运营相关的三个维度：

● 管理的正式程度/非正式程度。组织在多大程度上依赖确定和成文的机制（例如规则、法规、程序、政策）来影响资源分配和员工行为。

● 管理的灵活性/不灵活性。一线管理人员在工作时，可以自行决定或自由解释或忽略规则和程序的程度。

● 预算紧张/宽松。在决定资源分配方式和评估绩效方式方面预算受限的程度。

组织中的非正式化程度部分取决于组织战略，也取决于总体战略范围内鼓励个体发挥主观能动性的水平。同样，管理的自由裁量权反映了组织边界和组织中员工的级别。预算（资源）控制需要纪律和具有一定灵活性的问责制，以及对新的创业机会的认识和接受。当组织对效率给予高度关注，并且为日常活动之外的活动腾出可用资源时，更有利于公司内部创业。组织可以在广义的背景下定义财务问责制，以允许一定程度的自主权促进创新和创造机会。

其他的重要解释维度包括：（1）控制集中或规范的程度；（2）自我控制的优先级；（3）一致性和合规性的相对重要性；（4）细节和复杂程度。莫里斯等人认为控制的某些特征可以促进公司内部创业行为，为了促使创新行为的发生，组织需要通过透明的流程实施控制。

对个体控制过度的官僚机构可能会阻碍公司内部创业；但过于非正式和灵活、几乎没有问责制，也会减少创业机会。有效的控制系统需要在这些因素之间实现平衡。分散结构和公司内部创业之间存在一些联系，包括增加自主性、灵活性和对资源的控制。3M公司的创新方法得到了广泛认可，该公司允许员工将每周15％的工作时间花费在自主选择的产品开发上。谷歌模仿了3M公司，允许员工将最多20％的时间用于他们感兴趣的与本职工作无关的项目。诸如朗讯、AT&T和惠普等公司也都建立了单独的创业组织，以简化新产品概念的管理。

组织控制的重点

组织控制系统侧重于人力资源和财务资源。所有组织的资源都是有限的，各方都在竞争这些资源。以下是组织控制的重点：

- 前馈控制。聚焦于流入组织的人力、物力和财务资源的控制。
- 并发控制。包括监控正在进行的员工活动，以确保与组织既定的绩效标准和目标保持一致的控制。
- 反馈控制。在组织的任务完成后，对组织产出的最终产品或服务的质量进行控制。

核心管理控制体系

大多数组织拥有由战略计划、财务预测、经营预算、目标管理、运营管理系统和管理信息系统报告组成的核心管理控制体系，它们共同提供一个指导和监控组织活动的综合系统。

战略计划是基于组织的行业地位、内部优势和劣势，以及外部的机会和威胁的深入分析。财务预测通常是关于组织的销售、收入和产品的一至三年的预测。经营预算是下一个财政年度每个营运部门的估计费用、收入、资产及相关财务数字的年度预测。目标管理通常包括评估员工能力和绩效的标准表格及评级量表。运营管理系统包括库存、采购和配送系统。管理信息系统报告由人员编制、收到的订单量、销售回报百分比，以及与部门或部门绩效相关的其他统计数据组成。

控制方法

控制方法有许多种，具体分为财务控制和非财务控制，如表7-3所示。

表 7 - 3　　　　　　　　控制方法

财务控制	非财务控制
预算控制	项目控制
盈亏平衡分析	管理审计
比率分析	库存控制
	生产控制
	质量控制

财务控制

有三种经常使用的财务控制：预算控制、盈亏平衡分析和比率分析。

预算控制

预算控制是取得结果并将其与相应预算进行比较的过程。它是管理控制中最常用的方法之一，因为它连结三种类型的组织控制重点——前馈、并发和反馈控制。为了使预算有效，它们必须得到管理高层的支持、有效的沟通和员工参与，并基于符合实际的可靠数字。公司内部创业组织通过专注于结果而不是流程，采用更灵活的方法和预算机制来促进创新和创造力。

预算主要有四种类型：

● 收入和支出预算。如销售预算。

● 时间、空间、材料和生产预算。如项目机器工时、空间分配、所需材料和产品生产。

● 资本支出预算。如厂房和机器支出。

● 现金预算。如项目现金收入和支出。

盈亏平衡分析

盈亏平衡分析使用固定成本和可变成本来确定实现盈利所需的产量。无论产量如何，固定成本保持不变，可变成本随时间变化。盈亏平衡分析对于取消或引入某些产品或项目的决策是有用的。这对于创业公司确保资源利用的效率和有效性尤其重要。当总成本等于总收入时，组织实现盈亏平衡：

$$P(x) = FC + VC(x)$$

式中：P——新产品的售价；

      x——盈亏平衡点；

      FC——固定成本；

      VC——可变成本。

通过盈亏平衡方程可以使用各种价格水平来确定各种盈亏平衡点。这些价格基于经验和判断、竞争产品的价格来确定。

假设一家公司开发了一款新的防雾变色滑雪护目镜。固定成本为 1 000 000 美元，可变成本为每单位 18.00 美元。在 18.50 美元、20.50 美元和 32.50 美元的价格水平下，盈亏平衡点是多少？

当每单位价格为 18.50 美元时，盈亏平衡点为：

    $18.50(x) = 1\ 000\ 000 + 18.00(x)$

    $x = 2\ 000\ 000$

当每单位价格为 20.50 美元时，盈亏平衡点是：

    $20.50(x) = 1\ 000\ 000 + 18.00(x)$

    $x = 400\ 000$

当每单位价格为 22.50 美元时，盈亏平衡点为：

    $22.50(x) = 1\ 000\ 000 + 18.00(x)$

$$x = 222\ 223$$

从这个分析中，公司可以根据所得价格确定市场需求，并决定是否推进项目和如何定价。

比率分析

一个检查创业公司的整体健康和绩效的有效方法是运用财务比率。比率分析检查各种财务报表项目之间的联系。主要比率是根据损益表和资产负债表上的项目计算而来。通过检查财务比率，管理层可以确定盈利从何而来，并决定将公司内部创业的重心置于何处。

经常使用的财务比率有四类：流动比率、速动比率、盈利能力比率和杠杆比率，具体将在第 11 章新创企业融资中讨论。

非财务控制

非财务控制方法通常包括：项目控制、管理审计、库存控制、生产控制和质量控制（见表 7 - 3）。

项目控制

项目控制旨在控制组织开展的某些项目的运行。两个最受欢迎的项目控制方法是甘特图和计划（或项目）评估审查技术（PERT）分析。以亨利·甘特命名的甘特图是一个条形图，说明事件及其结果之间的时间关系。以图表形式突出显示完成任务所需的活动，并为每个活动指定一个期限。甘特图可用于识别项目是提前、推后还是按计划进行。甘特图对于并行的活动（如工程、制造、研究和设计）最为有效。PERT 说明了完成项目所需的每项任务最可能的耗时，并确定最可能延误的位置。以下是制定 PERT 图表所需的步骤：

- 识别所有必须完成的事件，并指定一个具有挑战性但符合实际的期限。
- 按时间顺序，记录所有需要完成的任务和负责人。
- 估计完成每个任务所需的时间。
- 估计活动序列或路径中每个活动所需的总时间。

管理审计

管理审计用于评估和控制组织内部的利益冲突。审计可以是内部审计或外部审计。内部审计通过规划审查组织的运作。内部审计常常发现资源利用率低、资源重复以及工厂和设备的不经济利用等问题。

外部审计是通过第三方人员对组织进行调查。外部审计主要是评估公司内部创业的优势和劣势。

库存控制

库存控制涉及库存水平的控制，以确保组织在需要时库存充足，同时防止库存过剩。

生产控制

在生产领域，规划和控制系统是交织在一起的，因为规划的输出是控制系统的输入。生产控制的目的是确保货物按时、按正确的成本进行生产，并符合质量标准。

质量控制

质量和生产控制是交织在一起的，因为质量控制是生产效率的衡量标准。良好的质量体系可以显著降低成本。

由于对质量的重视，许多组织采用全面质量管理（TQM）方法，主要基于以下原则：

● 当质量的意义融入日常工作，并成为组织文化的一部分时，优质的商品和服务便会产生。

● 当员工在系统中工作时，管理者需要基于系统持续寻找最佳作业方式。

● TQM 是由最高管理层作出的战略选择，不断转化为组织的整体运作指导方针。

● 给处于流程一线的工人自主性，实现非常重要的过程监测和评价。

● 识别组织的核心目标，制定能够最好地实现这一战略的发展路线图。

创业公司财务与非财务控制的要素

公司内部创业中财务和非财务控制的一个关键是激励和促进员工的创新能力和创造性。实现该目标的一种方法是有效地传达组织目标，可采用以下方式：

● 开放式沟通，使所有员工都能获得财务和非财务信息。

● 提供培训和开发，确保员工具备所需能力。

● 确保员工知道如何让自己的工作适应组织战略。

- 确保员工有权根据其核心竞争力，在工作中做出决策。
- 员工与组织的成功密切相关，与组织共同承担失败的风险。

鉴于价值创造来自业务的整体，管理控制的方法更多地转向非财务信息分析；如果一个组织想要创造价值，它需要评估业务的非财务方面。大多数组织有注重相关的财务指标的传统，这些财务指标代表绩效结果，而不是绩效的"驱动力"。组织需要评估财务绩效的真正驱动力，比如过程效率、人力资源开发、领导效率、客户维持和增长以及产品和服务创新。

杜邦公司是公认的现代管理控制的发明者。作为去中心化和专业化分工的结果，杜邦认为绩效评估系统是必需的。杜邦公司提出了一种新的会计指标——投资回报率（ROI），在杜邦公司看来该指标比以往的指标更准确。杜邦和通用汽车被认为是这一领域的先驱并创造了不同类型的分权组织、预算和计划周期。宜家同时使用了财务和非财务控制方法，其财务措施主要基于销售和产能，非财务措施主要基于市场、客户和员工调查。

在 3M 公司的发展早期，首席执行官威廉·麦克奈特采取了一系列正式和非正式的控制措施以使公司能够持续创新。管理层继续扩大并响应这些控制措施，坚信创新是 3M 未来的基石。为了使员工保持自我提高和自我改进的态度，需要建立一个阀值清晰的自我强化的体系。在零售商领域中，美国沃尔玛和全食食品公司以及德国的 Globus 做出了尝试，创造性地将标准化流程和个体的主观能动性相结合，以调动积极性提高服务水平。

诺基亚和苹果公司使用不同的方法，来管理日益增长的开发费用和提高盈利能力。诺基亚将其芯片组的大部分业务外包出去，减少自己设计芯片的财务风险。诺基亚将会一直保持掌握企业的核心竞争力（开发芯片组技术和提高敏捷性）和外包其他领域的整体战略。诺基亚拥有全球市场份额的约40%，每年销售超过7 000万部手机。苹果公司以2.78亿美元的成本收购了一家小型微处理器设计公司，该公司拥有丰富的手机技术经验。此次收购使苹果公司能够进行创新，并不断改善客户体验。苹果公司重视设计和软件的战略将会继续，苹果公司决定保留对设计的控制，尽管花费不菲，但设计控制为苹果的成功做出了重大贡献。

小　结

本章探讨了控制系统及其对公司内部创业的影响。控制系统是为实现预期的员工行为和组织绩效而实施的规则、制度、政策和程序的组合。过于僵化或过于灵活的控制系统会给公司内部创业带来严重的阻碍。相对灵活的控制系统会带来开放式沟通和互信的环境，使员工得到授权、鼓励和激励，并从创新性和创造性行为中获得奖励，这将有益于公司内部创业活动。

在组织内实施财务和非财务控制方法是必要的。开发一个有效控制系统的关键是选择合理的控制程度，能够有效实施控制但又不会抑制企业的创业活动。

08

内部创业中的政治

内部政治的积极和消极后果是什么？可能阻碍公司内部创业的政治障碍有哪些？如何克服这些障碍？公司内部创业者应采取什么样的政治策略以取得成功？

宝德纳莫纳公司

宝德纳莫纳公司（Bord Na Mona）是爱尔兰的一家处于行业领先地位的综合环保服务提供商，它将环境责任与电力、供暖、资源回收、水、栽培基质和相关服务等结合到一起。宝德纳莫纳公司成立于1934年，其最初的想法是开发爱尔兰广阔的泥炭地，当时它还是一家基于工程和科学技能开发等业务的小公司。该公司在资源管理和开发、制造、分销、工程和人力资源方面具有很强的能力。宝德纳莫纳拥有8万公顷的泥炭地，雇有员工约2 000

人，在爱尔兰、英国和美国东部设有 20 个分支机构。2009—
2010 年的营业额为 3.844 亿美元。宝德纳莫纳公司专注于 6 个业
务领域：

- 能源。围绕可再生性提供安全、可靠、可持续的能源和电
力。宝德纳莫纳的核心业务是供应用于发电的燃料泥炭。

- 环境。向爱尔兰和海外市场提供废水处理和空气污染减排
系统领域的解决方案。

- 燃料。在爱尔兰的住宅供热市场提供固体燃料产品。

- 园艺。为国内外的专业园艺从业者和业余园艺爱好者开发和
供应种植方面的读物。

- 资源回收。废物的收集和环保处理。

- 土地和财产。管理公司的土地和财产。

宝德纳莫纳期望在每一个领域中都向客户展示持续的盈利能
力，通过员工的发展和共同参与展示公司不断的进步，以关心环
境和社会为目标，以诚信和公平的方式开展业务。

该公司于 1934 年作为泥炭开发委员会成立。随后根据 1946
年的《泥炭发展法案》，宝德纳莫纳成为了一家法定机构。其第
一批业务是采掘用于发电站和家用燃料的草皮泥炭。1950 年的
《泥炭发展法案》给公司带来了更多的发展机会。20 世纪 50 年代
末，公司决定从劳动密集型草皮泥炭生产转向资本密集型的铲采
泥炭生产。销售园艺泥炭产品的英国子公司成立于 1957 年。
1960 年相继在德林洛和克鲁日建立了两家工厂。1974 年，宝德
纳莫纳公司的第三个发展计划是收购和开发另外 35 000 公顷的沼
泽，并在蒂珀雷里县建造煤球厂。

1988 年公司开始了改革进程，缩小规模，推行事业部制，以

降低成本，聚焦市场。在核心泥炭生产业务中，生产力提高了
100％以上。根据业绩，向自我驱动型团队和员工支付报酬。根
据不同业务划分的事业部分别是：泥炭能源、燃料和园艺。1990
年，环境产品分公司成立。1992 年，宝德纳莫纳成为爱尔兰第一
家商业风电厂合作伙伴。1997 年，政府同意通过注资 9 000 万英镑
偿还宝德纳莫纳的非商业债务。1996—1998 年期间，政府对宝德纳
莫纳进行了 1.08 亿英镑的股权投资，专门用于偿还这笔债务。

1999 年，宝德纳莫纳发展成为一家有限责任公司。宝德纳莫
纳有限责任公司的股东是爱尔兰财政部，并由通信、海洋和自然
资源部指派董事。公司账户显示2005—2006 年营业额为 2.957 亿
欧元，营业利润达 2 990 万欧元。公司发展至 2011 年，已经与
1934 年最初成立时天差地别。

宝德纳莫纳的愿景是"与大自然的新接触"，意味着公司要
从一个严重依赖泥炭和化石燃料的传统企业，过渡到一个由传统
的燃料和园艺业务支持的，关注可再生能源、资源回收和环境产
品与服务的新型可持续发展企业。该公司将其对创新的投入视为
竞争优势，并重新调整其组织结构以更加注重客户。能源业务被
划分为发电和原料供应。环境业务目前还是以北美和西欧的市场
为中心。对废水和大气处理的绿色、可持续技术不断增长的要
求，推动了环境业务部门的创新议程。其他创新项目包括为中小
型社区开发的下一代小规模废水处理单元、低碳足迹和全新的废
水处理系统。其他发展举措包括与专利持有人建立潜在的技术合
作伙伴关系，以开发和商业化三级水处理技术。

宝德纳莫纳持续进行投资研发，以改进其产品、流程、包装
和分销系统。2009—2010 年，宝德纳莫纳在包括业务开发和专利

授权的研发活动中花了520万美元。除了爱尔兰的工厂，宝德纳莫纳还在北卡罗来纳州有一个专门的创新中心。

像许多国家和国际公司一样，宝德纳莫纳受到2008年的全球金融危机的挑战，但宝德纳莫纳采取了应对措施，例如降低价格、结合战略变革减少过剩产能和降低成本，通过这些措施及其对创新和研发的持续投资，宝德纳莫纳公司在2009—2010年效益良好。

政治行为是个人影响力在商业中的运用，基于使用影响力的方式，它会给个人和组织带来积极或消极的结果。政治行为因个体和环境因素的结合而改变，也不一定都是自私行为。影响力强调了建立联盟和合作关系网络的理论和实践的重要性。在所有大小组织中，内部政治是不可避免的，其可能对公司内部创业活动起到推动作用，也可能产生抑制作用。

许多开展公司内部创业活动的创业经理，由于缺乏对其组织政治规则的了解而遭遇困难。由于与组织现有的业务相比，公司内部创业活动通常规模较小，因此创业活动需要政治正确，以争取现有组织的支持和接受。成功的创业者是那些能够处理和应对组织内不成文的规则和政治的人。他们可以影响和鼓动组织的关键人员，特别是CEO、高级管理团队和利益相关者。

创业者在创业初期面临的最大问题是合法性、人力和非人力资源短缺，以及公司内部对创业活动的抵触等问题。公司内部创业者需要制定政策，从而影响、说服和激励合适的人员，抓住潜在的机会并获得合法性，争取必要的人力和非人力资源，以及克服来自母公司的阻力。

本章旨在提供对公司内部创业期间政治障碍的理解以及如何采取正确的政治策略克服这些障碍。首先，讨论了抑制公司内部创业活动的内部政治和障碍。其次，分析了克服障碍的常用方法，介绍了用于克服阻力和获得支持的政治战略和战术。在讨论影响力和政治对公司内部创业活动的影响之后，本章以政治策略的指导方针结尾，以寻求增加公司内部创业所必需的影响力。

内部政治

政治在工作环境中是不可避免的。组织中的个体和团体均有自身的利益、愿望、期望和需求，会导致各种利益冲突。由于关系、规范、过程、绩效和结果均被整合到组织文化和管理系统中，它们都会不同程度地受到组织政治的影响。

政治行为是组织的固有和预期特征。组织有权就个体在实现组织目标的行为方面作出某些决定。对组织权威的服从取决于组织是否满足某些个体目标。薪酬、聘用条款和条件、职业发展和进步，是使得组织和员工利益一致的管理系统。个体在组织的政治边界内，采取政治行动，努力提高自身的利益和满意度。一个组织的政治能力取决于影响力基础上的政治资源。为了确保未来的政治能力，组织可以试图扩大或巩固这些基础。表 8-1 总结了个体和组织使用政治行为的积极和消极影响。

表 8-1　　　个体和组织使用政治行为的积极和消极影响

积极影响	消极影响
个体	**个体**
• 激发信心、信任和真诚	• 沮丧、消极和不满
• 增强自信	• 士气低落、失去信心
• 减轻焦虑和压力	• 增加焦虑和压力
• 改善地位和影响力	• 地位和影响力的缺失
• 员工晋升和进步	• 损害信誉

续前表

积极影响	消极影响
组织	**组织**
• 支持理想的政策和程序	• 消极的操纵和游戏
• 对组织效率的贡献	• 抑制组织效率
• 实施合法决策	• 不道德的决策和资源使用
• 改进决策策略	• 增加障碍抑制沟通
• 制定有效的解决冲突的方法	• 阻碍目标实现
• 创造一个适应变化的环境	• 降低灵活性和适应性
• 对抵制变化的因素进行管理	• 阻止组织变革

内部政治是指影响力在整个组织中分布的方式，任何程度的变化都有可能改变组织内正式和非正式团体之间的权力平衡。变化带来的不确定性增加了政治活动的可能性，因为个体会试图通过控制环境来创造新的组织结构。在大多数公司，政治影响力高度集中在组织的顶端。具有政治影响力的行政人员的支持或反对，可以影响母公司对公司内部创业活动所持态度。

为了解决上述问题，公司内部创业者需要考虑以下问题：谁会低估你的想法的价值？在组织中谁有影响力阻止一个想法进一步开发？关于是否抓住一个新的公司内部创业机会谁有话语权？为了实现和发展公司内部创业，创业者必须尝试动员和影响关键的利益相关者。如果不能成功地确定和争取到核心利益相关者，公司内部创业进程可能会被严重阻碍，甚至扼杀。

为公司内部创业吸引和争取来自管理高层的关键利益相关者的一个常用方法是"叮咬"。在需要获得管理高层大力支持的情况下，公司内部创业者经常使用这种方法。所谓"叮咬"是指通过公司内部创业活动来接触高层管理人员，以确定他们的潜在支持水平。通过这种方式，公司内部创业者将自己比作蜜蜂，将高层管理者比作蜂巢，首先"叮咬"那些最有可能支持新想法的成员，然后推广到所有管理高层。找到这些内部的、高层的拥护者，对于在初始阶段推广新想法是至关重要的。从20世纪80年代开始，高盛公司采用"叮咬"高层领导者的方法实现公司内部创业。这也是高盛公司能够成功地在全球范围内开展垃圾债券和投资银行业务的方式。

许多政治问题会妨碍公司内部创业进程，阻碍公司内部创业流程开展的政治因素包括：

- 投入到公司内部创业中的时间和精力不足。
- 没有激励员工创新的补偿和奖励制度。
- 公司内部创业者不能说明创业将会带来的潜在投资回报，导致母公司投资不足。
- 不恰当地专注于专制的管理结构。
- 当想法多样化和具有挑战性时容易出现怀疑态度。
- 母公司排斥新的公司内部创业理念或想法，这可能会导致公司内部创业活动受关注度较低、创新型人才被排斥、资源匮乏、直接或间接的员工竞争，以及员工中的抵触情绪等。
- 畏首畏尾的环境，它会限制整个组织的创新和创造力，由于担心失败和害怕惩罚而压制一切创业行为。

克服障碍

这些障碍和负面影响的产生都源自于管理实践和组织内部因素。为了管理和克服这些障碍，公司内部创业者需要影响、说服和激励必要的个体，使其相信能在公司内部创业活动中得到潜在利益。任何变化都涉及政治体系的改变。为了获得支持和影响行为，公司内部创业者需要获得合法性，获得所需的人力和非人力资源，并能够影响组织中各个层次的个体。

合法化

由于没有先例，市场和想法越新颖，合法性问题就越重要。公司内部创业最初需要创造一个关于能力、生存和合法性的正面概念。获得合法性的基本和最有影响力的策略，是使用独立的外部顾问来证明新活动的可行性和可信性。当公司内部创业者在开发成功的新创意方面享有声誉后，这就得到了验证。具有较为客观的观点和良好记录的员工的内部支持，可以为项目增加合法性。如果公司内部创业者可以迅速获得合法性，那么公司内部创业活动将会很快在整个组织中获得认可。

人力和非人力资源需求

一个新的公司内部创业活动，需要充足的人力和非人力资源供应，以实现进步和发展。公司内部创业者需要确定母公司内部是否有具备所需技能的人员，或者是否需要从外部招聘（见第10章）。非人力资源包括资金、设备、技术、生产和服务系统。创业者通常面临可用资源数量的限制。为了获得足够的资源，公司内部创业者需要参与到能够带来资源的政治活动中，依靠坚持和决心来确保获得所需的资源。

重要的是，公司内部创业者不要认为，自己获取所需资源就会严重消耗另一个部门或项目的资源。这种零和心态，通常将政治和竞争变为破坏性冲突。记住，公司内部创业者最宝贵的品质之一是——其创新和创造财富的能力是一个积极的正和游戏。

克服抵制

公司内部创业活动的产生往往是因为需要应对外部环境中出现的新挑战或机会，例如主要竞争对手的新产品或技术进步。一个新的创意想法不会给组织带来直接的利益，除非将创意付诸实践，令公司内部创业者感到失望的是莫名的排斥和抵制。如表 8 - 2 所示，许多原因导致了这种抵制，包括自身利益、缺乏理解和信任、风险和不确定性以及不同的目标。为了有效地管理实施过程，公司内部创业者需要意识到抵制的原因，并采取相应措施实现协作。

表 8 - 2 抵制的来源

个体抵制	组织抵制
自身利益（例如，影响力的丧失，自由的丧失或地位的丧失）	组织文化
对于未知的恐惧	注重维持稳定性
不情愿或怨恨	未能对新企业所需的额外资源进行投资
缺乏对新企业的理解和信任	向新企业提供的财政资源不足
与创业活动有关的风险和不确定性	对当前权力和/或影响力的威胁
与创业活动的目标不一致	新创企业面临太多的竞争
感觉创业活动正在扰乱现状	干扰并威胁当前组织现状

获取协作的技巧

● 为新的创业活动争取管理高层的支持。

● 通过进行完备的研究和提供准确的信息，说服所有和新创企业利益相关的人。

● 与所有受新创企业影响的人沟通。

● 具有创新和创造能力个体的参与，能够帮助创业取得成功。

● 为员工创造展示他们技能和能力的机会。

● 建立组织内外的支持网络。

政治战略

政治战略是用来增加和有效利用影响力的具体策略。为了获得资源、达成协议、获得支持，以及克服潜在障碍和抵制，需要采取的政治战略在不同组织之间是有差异的，有很多策略可供创业者选择以解决上述问题。

由于在抵制者眼中抵制行为是合法的，所以公司内部创业者需要做的不是忽略抵制，而是要诊断其原因，并制定战略在正式宣布新想法之前获得认可。克服妨碍公司内部创业过程的组织阻力的政治战略，主要包括以下步骤：

1. 阐明公司内部创业活动的短期、中期和长期目标。

通过清楚地阐明核心目标，公司内部创业者可以确定内部和外部谁将受到创业活动的影响。这也将明确项目成功所需的所有个体、团体或组织，以及他们相应的态度。重要的是在新的想法上达成最大的共识，而且最好能在正式的决定会议之前达成。

2. 识别可能影响公司内部创业发展的政治障碍。

公司内部创业者必须考虑到各个利益集团，并判定现有的支持程度、内外部对手，以及对手可能采取的行动。

3. 识别与新企业成功无关的个体和团体。

使用适当的政治战略来与这些个体和团体结盟，而不是把他们变成对手十分关键。政治战略的设计和发展应符合以下原则：最大化能够获得的潜在支持，最小化对手的威胁，将中立团体转化为支持者，并将对手转变为中立者，从而减少他们可能造成的威胁。

4. 预测个体和群体可能的反应。

由于人类行为往往是不可预测的，因此公司内部创业者必须做好准备，具备应对个体和团体的多样化反应的能力非常重要。公司内部创业者需要灵活地根据特定个体和团体的预期反应，来调整政治战略。

5. 制定政治战略。

对关键执行问题的分析和评估有助于确保政治战略的有效性。创业者需要通过关注重要的联盟和对手来使过程尽可能简单。一旦与所需的个体和团体达成协议，则需要实施战略，并将重点放在能够使公司内部创业进入下一个发展阶段的活动。

6. 监测和评估政治战略的进展情况。

创业者需要监测和评估政治战略，以识别任何可能的偏差，并采取适当的纠正措施。

重要的是在观念上持续保持对政治问题的重视，尊重不同的观点和意见，并通过达成共识作出决定。

政治战术

在公司内部创业者身处的各种情形中，政治技能往往至关重要。内部创业者通常具有有限的正式影响力，因此需要利用自身的影响力来获得所需的支持。为了发展和建立合法性和影响力，公司内部创业者可以从以下方面着手：

- 准确、精确、及时的沟通和信息共享。建立信任和信誉，以及组织内外的支持网络。

- 为各级员工创造展示他们的创造力、创新能力、技能、知识和能力的机会。允许组织利用他们的人力资源，同时创造一个积极的工作环境，让人们在组织内部发展和成长。

● 团队合作。创业者需要建立一个具有丰富经验和技能的团队。

● 制定基于组织的问题解决战略。公司内部创业者需要表明他们不仅有能力解决问题，而且也会寻求和遵循他人的建议，这将有助于获得支持。

● 发展有影响力的联盟和关系网络。在组织内部和外部拥有关系网络的公司内部创业者，可以利用这些网络影响、说服和转化相关方。

政　治

在任何组织中，政治和影响力都是不可分割的一部分，总会有人想要获得正式或非正式的影响力。组织是由共同实现组织目标的个体组成的，同时每个个体又被个体目标驱动着。对于目标不完全清晰、决策过程没有明确界定，以及当权者决策不公平或资源分配不恰当的组织，创业者特别需要政治管理方法。从创业者的角度来看，政治可以被用于影响组织内的管理高层、个体和团体。

内部政治和控制欲会在很大程度上抑制创新，并使组织走上失败的道路。当组织结构和文化脱离公司内部创业精神时，就会发生这种情况。内部政治会阻碍公司内部创业文化的蓬勃发展。

如果创新威胁到公司的政治权力和控制，微软就不会鼓励创新。通常，大型软件公司被视为连续创新营地，而不是非连续创新的创造者。在管理高层对公司创业持怀疑态度的文化中，人们更倾向于等到创业活动更加清晰、风险更低时再参与其中。排斥创新的文化提倡避免错误和做安全选择。

一个不重视具有创造力的员工的公司将会限制公司内部创业的发展。这种文化的巨大风险是组织往往会低估竞争对手，而高估自己的水平。这会创造一种傲慢的企业文化，感觉组织"很大，根本不会失败"。消极的文化会显著抑制组织绩效。美国银行、福特、通用汽车、西尔斯和施乐在 20 世纪 70 年代末至 80 年代初均存在消极文化，这正是它们在那段时期业绩不佳的原因之一。

当这些公司遭遇到快速变化的商业环境时，从传统方式转型的失败会导致巨大的损失。为管理大公司而设计和开发的传统的机械式管理实践往往不利于公司内部创业，如表 8-3 所示。在大多数情况下，设计和开发组织战略、体系、结构、规则、规制、政策和程序是为了实现组织目标，而不是致力于公司内部创业活动。在现有岗位没有动力的经理和员工很可能只是专注于资源投入和控制资源，而不是提供创新的方法，参与满足组织和客户需求的新的公司内部创业活动。

表 8-3　　　　　抑制公司内部创业活动的传统管理实践

传统管理实践	消极影响
严格定义的规则、法规和程序	创新和创造力受到抑制
机械化的组织机构	公司内部创业活动受到限制
具有有限自主权和授权的控制系统	成为公司内部创业者的机会受到限制
逃避组织面临的任何风险和不确定性	对变革和威胁的恐惧导致潜在的机会得不到承认
基于过去的绩效进行未来决策	不能识别市场变化导致决策不准确
有限的补偿和奖励制度	对于创业的有限鼓励和激励
基于多年的服务和与组织精神的兼容性的标准晋升系统	积极的公司内部创业者缺乏创造价值的机会

通用汽车公司、IBM 和西尔斯公司都是因为传统官僚体制

而无法充分应对市场根本变化的典型案例。它们的文化和行为不利于实现市场成功，因此，这些公司在那段时期苦苦挣扎。另一方面，适应性文化是确保组织实现成功的必要因素。这种类型的文化支持各级管理人员和员工，提出或发起新的公司内部创业活动。技术和软件公司是具有适应性文化的组织的典型案例。像亚马逊、谷歌、戴尔、英特尔、诺基亚和3M等公司都能够迅速调整适应环境的需求。它们是公司内部创业和创新的实践者，并愿意承担必要的风险，以创造新产品、新业务和新产业。为了创造公司内部创业文化，这些公司为组织配备具有创业精神和创新意识、有能力从事创新活动并积极抓住新机会的人才。

英特尔在进入日本市场时遭遇了公司内部创业风险，遇到由政府支持的竞争对手。当时英特尔在日本不是家喻户晓的品牌，而品牌是吸引日本消费者的关键因素。在进行市场调查后，英特尔发现日本大多数电子产品都是由女性购买的，而日本女性喜欢迪士尼的人物形象。于是英特尔内部提出了一个新的品牌战略——结合日本迪士尼主题公园和卡通人物的战略。这个创新型的公司内部创业活动使英特尔最终占据了制高点，并在两年内进入了日本前五大电子公司的榜单。

增加影响力的内部创业政治策略

公司内部创业者利用政治手段，通过提高新的公司内部创业活动的有效性和可信度来增强其影响力。这可以通过管理与控制风险和不确定性、使创业者成为组织的宝贵资源、领导和激励个体、创造适宜的资源、建立和发展网络与联盟来实现

（见图8－1）。

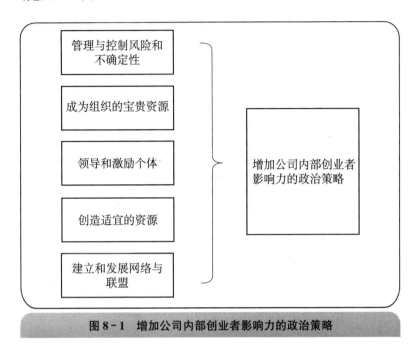

图8－1　增加公司内部创业者影响力的政治策略

● 管理与控制风险和不确定性。让那些能够管理风险和减少组织不确定性的创业者增加影响力并成为领导者。

● 成为组织的宝贵资源。挖掘宝贵的核心能力（知识、技能和能力）。

● 领导和激励个体。如果公司内部创业者具有正确的心态去激励个体和获得支持，他们就能领导和控制组织的活动。

● 创造适宜的资源。公司内部创业者需要招聘、筛选和留住有技能的人才，或吸引适当的融资和投资。

● 建立和发展网络与联盟。在组织内部和外部发展互利关系。

公司创业者施加影响力的政治策略

对于公司内部创业者来说，重要的是考虑新的创业项目的短期和长期目标。政治上有技能的创业者有能力利用五种政治策略增加影响力，以及运用政治策略施加影响力（见图 8－2）。

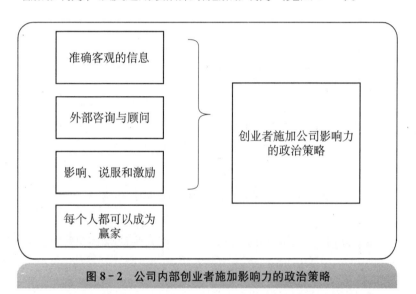

图 8－2 公司内部创业者施加影响力的政治策略

● 准确客观的信息。所有信息都要准确和客观，以在组织内获得诚信和正直的形象。

● 外部咨询与顾问。引入能够客观地支持公司内部创业建议的一个或一组专家，这能够增加可信度。

● 影响、说服和激励。使用政治策略来影响、说服和激励所有参与决策过程的人的行为。

● 每个人都可以成为赢家。向需要争取的人强调新的公司内部创业机会的好处，同时强调个体能够获得的利益。

识别母公司中的风险和不确定性来源与公司内部创业者的政治利益密切相关，创业者应采取必要措施控制这些不确定性来源。创业者需要在组织内外建立自己的联盟和网络，这样可以更好地推动新的创业创意的进步和发展。

小　结

公司内部创业者往往因过于专注和致力于创业活动而忽视相关背景。政治在某种程度上存在于每个组织中，需要得到尽可能有效地管理。在管理内部政治时，创业者需要及时汇报系统和利用主要支持者、联盟和母公司组织内外的网络。任何反对的个体或团体都需要得到管理。

认识到内部政治和政治策略的发展的重要性是公司内部创业的一个重要方面。管理者的影响力能够抑制公司内部创业，也能够确保其进步和成功。公司内部创业失败往往是由于难以获得合法性、所需的人力和非人力资源不足，以及无力克服阻力。创业者需要投入适当的时间和精力，来管理和克服内部政治造成的障碍。

公司创业者需要确定核心的事情和问题，明确主要支持者，并识别和管理有问题的个体。他们应该谨慎地向前推进，同时制定政治战术，通过组织内外的支持者与网络来管理和解决问题。

第三部分
实施公司内部创业

CORPORATE
ENTREPRENEURSHIP
How to Create a Thriving Entrepreneurial Spirit Throughout Your Company

09

制定商业计划书

　　苹果公司是如何捕捉和鼓励创新的？这些又是如何影响公司的底线与企业和文化战略的？制定用于发展和维持公司内部创业的商业计划书有哪些步骤？公司如何通过商业计划书来避免失败并优化成功？

情境案例 ────────────────────

苹果公司

　　20世纪后期，苹果公司被认为是世界上最具创新性的公司之一。20世纪90年代苹果公司没有任何盈利，几乎走向破产的边缘。随后，苹果公司通过创新再次走向了成功。苹果公司是如何通过创新创造惊人逆转的？

　　苹果电脑公司成立于1976年4月，由斯蒂夫·沃兹尼亚克、史蒂夫·乔布斯和罗·韦恩创立，初创资金为1 300美元，地址为乔布斯在加州帕洛阿尔托家中的车库。5月份，苹果公司接到了最初的50个苹果Ⅰ订单。同年8月，天使投资人麦克·马尔库拉——苹果公司的第二任CEO，投资了9.2万美元。之后，公司的员工数量、销售的计算机数量和销售成本日益增加。1980年5月，苹果Ⅱ发布，售价高达7 800美元。同年12月12日，苹果电脑上市，公司的股价当日上涨了32%，当时的40名员工成为了百万富翁。

1982年，苹果公司的销售额达到了10亿美元，成为个人电脑市场销售额最高的公司。1983年5月，苹果成为《财富》500强之一。同年12月，苹果发布了苹果Ⅲ+，售价为2 995美元。1985年，史蒂夫·乔布斯被迫辞职。同年，苹果公司出售了50万台Mac计算机。

到20世纪90年代初，苹果的产品面临来自微软、IBM、摩托罗拉和NeXT（史蒂夫·乔布斯的新公司）的激烈竞争。1993年，苹果开始亏损，直到1998年才恢复盈利。

1996年是苹果公司成立二十周年，公司以3.4亿美元收购了史蒂夫·乔布斯的NeXT公司。1997年初，乔布斯回到苹果。同年，Mac 8操作系统发布，在不到两周的时间内售出了125万份，OS8成为当时最畅销的软件。

苹果公司在1998年恢复盈利，仅在第一季度就获得了4 700万美元的利润。iMac和PowerBook G3机型被引入，许多人将它们看作当时世界上最具创新性的机器。此外，乔布斯重新定位了商业计划，主要面向需要便携式或台式计算机的个人和企业消费者。1998年公司第二季度的利润达到了1.01亿美元。

同样在1998年，苹果开始开发与计算机不完全相关的产品：iMovie和Final Cut Pro，主要为数字视频编辑市场服务。几个月后，音乐应用程序发布，即 Emagic 和 GarageBand。

2001 年，苹果公司的第一个苹果零售店在弗吉尼亚州开业，同年苹果推出了 iPod。2003 年，iTunes Store 开发出来，允许用户下载歌曲到他们的 iPod，每首歌曲大约 99 美分。到 2008 年，客户下载歌曲数量超过 50 亿首。

2007 年，苹果电脑公司更名为苹果公司，开始生产 iPhone 和苹果电视，当 App Stores 在 2008 年 7 月开业时，公司每天销售额大约有 100 万美元，几个月后便发展成为移动手机的第三大供应商。

毫无疑问，史蒂夫·乔布斯的领导力和工程师身份在苹果的回归中发挥了重要作用。但再一次的成功不仅仅是因为其编程天才和优秀 CEO 的身份，最主要的是苹果公司始终坚持创新和独特的企业文化，鼓励产品创新（iPhone、苹果电视、iPod），使苹果始终处于行业领先地位，并在某些情况下领先于时代。

几个关键方面使苹果取得了成功。苹果使用的网络创新能够将来自外部的想法与苹果自身的特点和魅力结合在一起。例如，iPod 是由一个外部顾问提出的设想。该产品简单地结合了外界已成熟的技术，并添加了独特、优雅、时尚的设计。苹果公司认为并不是所有的伟大想法都产生于公司内部，外部创新想法也会创造惊人的价值。

内部创新还需要一个包含商业计划方法的战略。史蒂夫·乔布斯认为，发明和创造伟大的产品不仅需要纪律、流程和程序，还需要一个轻松自由的横向沟通文化，例如让员工彼此认识并在走廊上相聚，或者在晚上 10：30 开始互相打电话，讨论正在进行的项目的新想法。在苹果公司的文化氛围中，员工敢于发言，能够召集六个同事之间的特别会议，对一个新想法进行讨论。在乔布斯看来，一千个好想法才能创造出一个伟大的概念。

虽然许多公司专注于技术的需求，但苹果注重的是了解和关注用户的需求。苹果专注于非工程师用户的需求，因为其目标不是开发一个具备工程师技能的用户才能使用的数字音乐播放器。当众多的科技公司，包括苹果公司的竞争对手，努力开发更复杂的产品时，苹果通过开发简单易用的产品吸引了大量的受众。

与通常的市场信念相反，苹果公司确信其难以置信的成功回归并不是追随市场的结果。讽刺的是，如果苹果从事"以用户为中心的创新"（使产品设计适应客户反馈），它可能不会创造出iPod。iPod是如此的创新和独特，以至于在2001年推出时被认为是可笑的。

正如苹果公司，一种创新的文化对公司内部创业是至关重要的。与厌恶失败相反，苹果创造了一个允许失败的文化氛围，并且认为失败是公司学习和创造的经历。

每个成功的创新型公司都有自己的成功之道。苹果公司采用的战略不一定适用于每个尝试创新的组织。苹果公司遵循自己的原则，创造了适合和属于自己的文化。形成重视和支持创新的公司文化，对于开发一个成功的公司内部创业项目至关重要。同样重要的是通过制定的商业计划书对创新想法进行评估，这也是本章的重点。

本章首先概述商业计划书包含的几个重要方面，然后讨论其范围和价值。在分析了信息需求之后是商业计划书的每个方面的详细描述。本章最后介绍商业计划书的使用和实施，以及商业计划经常失败的原因。

商业计划书的重要性

在任何一个组织中，都有各种计划，例如财务计划、营销计划、生产和运营计划、销售计划和人员配置计划。计划可以是战略性的或运营性的，可以侧重于短期，也可以是长期的。无论其范围如何，每个计划都旨在为在竞争激烈的全球市场中取得成功提供指导和搭建成功的框架。

公司创业商业计划书是描述开办创业公司涉及的所有相关的内外部要素的文件。它通常是各种职能计划的集成，用于解决短期和长期决策，通常是关于创业公司运营的前三年的决策，并突出显示盈亏平衡点和开始盈利所需的时间。

商业计划书与游戏计划或旅行路线图，如从亚利桑那州凤凰城到奥地利维也纳的旅行计划同样重要。由于有许多可供选择的路线和航空公司，每个旅行计划都有相应的时间和金钱成本，旅行者需要收集外部信息，并做出由时间和金钱共同决定的最恰当的决策。类似于旅行者，公司内部创业者需要使用组织中的可用资源来制定公司内部创业活动的商业计划书。

商业计划书的范围和价值

制定公司商业计划书的人员需要准备好应对组织中每个支持者的问题、需求和担忧。制定商业计划书的人一定会包含组织或内部创业基金评估团队的管理人员，也可以包含顾问、客户、员工和供应商，甚至外部资助者。

公司内部创业者需要把自己置于潜在买家的立场。苹果在1998 年的巨大转型（其重点是台式机和便携式计算机）和 2009年的持续成功（简单易用的 iPod），都是从最终用户的角度考虑产品的直接结果。

商业计划书对公司内部创业者是非常有价值的，因为它：（1）能够确定创业公司的目标；（2）能够为公司内部创业人员提供进行公司内部创业所需的规划的指导；（3）有助于确定公司内部创业活动的可行性；（4）能够提供为了获得管理层批准和资金资助所需的信息。

最初的计划书通常需要反复修改。修改时往往会考虑这样的问题：这个想法真的有价值吗？谁是客户？客户会购买吗？谁是竞争对手？是否有抵御竞争威胁的措施？我真的可以管理创业公司吗？我真的想要这样做吗？

内部创业商业计划书

大部分的创业公司商业计划书是根据组织的需要量身定制的，突出反映了组织的目标、产品或服务以及行业。虽然商业计划书都是根据组织自身特点制定的，但几乎所有的商业计划书都包含如图 9-1 中所示的大多数方面。一般来说，公司商业计划书从执行摘要开始，然后是计划的具体细节，例如产品或服务分析、契合度、市场分析、营销计划、盈利能力和未来行动计划。

执行摘要
产品或服务分析
- 产品或服务的目的
- 发展阶段
- 产品局限性
- 专有权利
- 政府审批
- 产品责任
- 相关服务和附带利益
- 生产

契合度
- 产品符合公司目标
- 客户基础
- 资产的利用
- 员工需求
- 渠道协同

市场分析
- 当前市场规模
- 市场的增长潜力

- 行业趋势
- 竞争概况
- 客户特征
- 客户利益
- 市场细分
- 目标市场

营销计划
- 产品
- 价格
- 供应链（分销渠道）
- 促销

盈利能力
- 预测损益表
- 资本支出

未来行动计划
- 问题
- 利益
- 对企业管理和员工的需求

图 9 - 1　公司内部创业商业计划书的要素

执行摘要

执行摘要往往在商业计划书其他部分完成后撰写。其篇幅通常不会超过两到三页，也有一些公司只有一页内容。顾名思义，它以简洁、令人信服的方式突出公司商业计划的主要内容，是对整个计划的概述。简要描述产品或服务的独特价值、企业支持度、市场规模、趋势和增长率，对计划书阅读者来说特别重要。

产品或服务分析

本节重点介绍产品或服务创意的各个方面。对产品或服务创意本身，以及它如何满足市场需求要详细地进行描述。在适当情况下，原型或详细设计有助于确保对概念的充分理解。无论创意包含什么，详细和透彻地描述创意的特有方面是非常必要的。产品限制以及产品责任的类型和程度也在讨论的范围内。分析还应当包括特定的政府批文和获得过程。

产品差异值得认真考虑，特别是使产品与众不同的差异。每个产品都能找到自身的独特定位，但大部分一般产品几乎不存在能感知到的差异，其差异主要体现在价格竞争方面，而特色商品由于其独特性而获得溢价能力。对于无差异产品来说，盈利能力取决于公司能够提供的低于竞争对手的价格。为了实现这一点，公司需要在机器设计方面具有较高的技能，并能够降低劳动力成本。而人才则是专有产品所需要的，它的盈利能力取决于营销的知识与实用和独特的销售计划。

要想树立独特的形象，需要一个个性化的名字，这个个性化的名字可以更好地由广告和创新的销售信息支持。在这方面比较成功的两个公司是主打速食米饭的通用食品公司和主打燕麦片的桂格公司。当市场上有超过 20 种产品在进行价格竞争时，通用食品公司推出了长粒米作为其特色产品。同样，2009 年桂格公司推出了整合"超级全营养食品"和有益心脏健康两种特性的产品。

将一般产品打造为特色产品的一种方式是以独特的方式加工或处理产品，为客户提供价值增值。第二种方式是添加一些消费者期望的成分，从而将该产品与同类产品区分开。例如，米勒啤酒公司通过从淡啤酒中剔除卡路里，从众多类似的啤酒竞争者中脱颖而出。

米勒公司对其竞争对手多瑟瑰啤酒公司的成功产品进行了有趣的比较。多瑟瑰啤酒公司通过"世界上最有趣的人"活动增加了其市场份额，特别是在墨西哥本国以外的市场，如美国。社交媒体和传统电视广告在该活动中的应用进一步提高了多瑟瑰啤酒的竞争优势。

将产品打造为特殊产品的第三种方法是"成为最早的"，该方法确立了第一优势。在这一战略中，公司确定其产品的独特之处，即对消费者有利并且之前并不存在的特质。即使竞争产品具有相同的品质，通过较早的广告，公司可以宣称其产品具有最纯正的品质。

一个很好的例子是奇迹面包。当公司开始宣传"强身健体的12种方式"——指12种矿物质和维生素的组合——时，任何竞争对手也可以宣称相同的属性。然而，作为第一个打出广告的公司，奇迹面包将其自身定位成面包领域中强身健体的引领者和开创者。

第四种方式是利用包装或包装和品牌名称的组合。尽管盐的成分在整个行业中是相同的，但莫顿盐业公司通过将专利喷嘴（专利权现在已经过期）和"顺滑倒出"的特性结合，将公司的盐从普通商品打造为特殊产品。

将产品打造成特殊产品的最后一个方法是改变产品的组合结构——混搭。改变产品组合的一个例子是将奎宁味苏打水重构成百利奎宁水，一种用于混合酒精饮料的产品。沃纳—兰伯特公司在收购美国荷氏糖果公司时采用了类似的策略。美国荷氏糖果公司当时正在进行40个糖果项目，但是没有一个项目表现出色，而且全部亏损。这些商品糖果被重组为一种止咳糖，其口号是

"让你的呼吸更顺畅",该项目使荷氏糖果公司在美国取得了巨大成功。

在使用品牌名称、商标、Logo 和专利描述产品或服务创意时,还需要考虑其他方面的因素。品牌名称指的是由制造该产品的公司注册的名称。该名称可以是统称、类别名称或特定产品名称。单一品牌(也称为公司名称、统称或家族品牌)战略是一个品牌名称用于一家公司销售的所有产品。波登公司即是一家利用单一品牌名称覆盖其多样化产品的公司,产品涉及面食、汤类和黏合剂。

类别品牌名称是在一类产品上使用的品牌名称。使用这一战略的公司通常同时使用几个类别品牌名称。例如西尔斯公司,其家用电器产品的类别品牌名称为肯莫尔。特定产品名称是在某一产品上使用的品牌名称。当将特定产品名称分配给第二个产品时,特定产品名称就变成了类别品牌名称。

商标赋予公司拥有与商标相关的所有商品的所有权。柯达被授予给伊士曼柯达公司,因此任何其他人都不能使用该商标用于类似的产品。再比如舒洁,在日常语言中它几乎能指代纸巾而不仅是品牌。

Logo 是用于表示商标的整个单词或字母与符号。Logo 可以在联邦政府注册并独家使用。例如,糖浆瓶上的杰迈玛阿姨的图片是一个 Logo,但单词 Aunt Jemima 是一个商标。视觉符号是传递公司信息和品牌的有价值的方式。

尽管专利不授予品牌名称,但可以授予:(1)独特的想法,为国家的科技做出新贡献的想法;(2)以前未曾使用过的,但可以作为原始成分或材料的替代品的新成分或新材料。专利也可以授予生产用机械。例如，莫顿公司为盐的包装上的喷口申请了专利。

在选择有意义的品牌名称时，需要避免地理名词。许多公司已经后悔以城市、国家、河流或山谷的名称命名，因为其他人也有权再次使用这个名称。一个典型的例子是史密斯菲尔德火腿，该名称是基于一个城市的名字——位于弗吉尼亚州的史密斯菲尔德。后来市场上有三种由不同公司生产的史密斯菲尔德火腿。

组织需要避免的另一类品牌名称是通用术语。通用类别是识别具有类似成分或用处的同类产品的方式。例如，乙酰水杨酸钠是阿司匹林片剂的通用术语。任何人都可以使用通用术语。使用发音与用于描述特定类别产品的词汇的发音类似的词，也是有风险的。米勒啤酒就犯了发音方面的错误，其名字"Lite"，与"light"的发音类似，而"light"是一个经常用来描述啤酒的单词。

虽然可口可乐公司多年来一直保持使用该名称，但是法院迫使可口可乐公司放弃其名称的一半，因为"可乐"是一个通用的饮料名称，其他公司也有使用该名称的权利。这使得市场上出现了种类繁多的可乐，如百事可乐等。

通常，如果新产品可以有效地关联到一个知名的品牌名称，则能够降低失败的概率。通过使用经过市场验证的可识别资产，许多公司已成功进入新市场并推出新产品。这方面的例子包括Bic Roller钢笔、李维斯裙子和鞋子等。然而，这并不意味着这种方法一定能成功。如Arm & Hammer止汗剂、Certs胶和李斯特清洁剂的失败，说明一个类别中的成熟品牌不一定能在另一个类别的产品中取得同样的成功。

虽然有许多标准可用于选择和创建品牌名称，但最重要的是发音、内涵和易记性。

品牌名称应具有简单的发音。可以在一张 1～2 英寸大小的白纸板上打印出拟定的名称，然后通过在市场中进行试验来确定最终的品牌名称。在进入具有不同文化和语言的新市场时，保持发音和名称尽可能一致是很重要的。2009 年百事可乐将其长期使用的名称 Pepsi 改为 Pecsi，以更好地适应其品牌在阿根廷市场的发音。

便于记忆是很重要的，因为品牌名称需要留在消费者的脑海中。可以选择 30 个备选名称，把每个名称展示给受试者，每个受试者都被要求记下每个产品类别中印象最深刻和最容易记住的名字。

在产品或服务创意中要考虑的最后一个方面是包装。产品的最终包装组合代表了各个领域的决策。良好的包装组合能够为产品的品牌信息创造一致性，并保护产品，适应生产线速度，促进产品销售，方便产品使用，为消费者提供可重复使用的价值，满足法律要求，环保，且使包装成本尽可能低。

良好的包装设计的首要要求是能够对产品起到保护作用。恰当的包装必须根据每种产品的特性进行设计。如果产品是易腐的，制造商必须为产品搭配每个市场区域的温度和湿度图表。

包装也可以同时实现打造产品独特性和产品保护作用。莫顿公司生产的食用盐的倾倒口，既可以方便消费者使用，也可以通过密封设计防止盐受潮。通常，创新包装是由包装材料制造商设计的。例如宝洁公司与美国容器公司合作推出了保护性复合材料，用于许多小食品，如品客薯片。

Mega-Cask 是葡萄酒行业的创新包装，它是一种嵌套在盒子里的容器。这种特殊容器不仅可以保持葡萄酒的品质，同时可以帮助餐馆、酒店和俱乐部提供高效服务，节约了大量成本。

包装的最终任务是将产品销售给消费者。四个通用的销售原则很重要：外观尺寸、吸引眼球的能力、对品质的传达以及品牌名称的可读性。

当一个产品在市场上有大量的竞争产品时，产品的包装应具有吸引和保持目标消费者关注的能力。这个能力主要体现在包装的哪些方面？首先包装设计要能够产生吸引力。儿童谷物早餐有两个目标市场——儿童和父母。其中孩子是最终消费者，但是照料儿童的母亲是主要购买者。凯洛格公司的包装设计，使用了五颜六色的有趣的图案，并列示出产品的营养价值，以确保孩子和家长都能够注意到。

食品类产品，应该以能够促进食欲的方式展示在货架上，仅仅包含食品图像的图片是没有什么吸引力的。

包装应该具有传递质量好坏的能力。公司应始终确保包装印刷不会褪色，否则会给人留下质量较差的旧产品的印象。印刷应该色彩明亮，但要避免华而不实。

包装上的品牌名称应易于阅读。在主要通过大型自助渠道销售的情况下，可读性尤其重要，因为这些包装必须在相对有限的货架区域中，与同类别产品比较。为了实现可读性，印刷字母尽可能地大以及保持字体一致是非常重要的。

如果新想法是关于生产运营的，则需要制定初始生产计划。该计划应描述完整的生产过程。如果过程的一部分或全部是通过分包实现的，则计划应包含对分包商的描述，包括位置、选择原因、成本和已完成的合同。

契合度

产品或服务创意的一个重要方面是符合公司的使命、方向和重点。创意越能够符合公司目标，越能够充分利用公司资产，就越有可能受到关注。销售给同样的客户群，使用相同的分销系统，以及利用现有员工的专业知识来进行制造、交付和营销，也能够增加创意的吸引力。协同作用越强，创意与公司的契合度越高。

市场分析

市场分析是公司商业计划书中最难准备的，特别是对于来自组织技术领域的个体。一些公司，如美国贺卡公司和施乐科技创投公司，通过关于市场分析、信息来源和营销计划的研讨会解决这个问题。这类研讨会不仅为撰写有效的企业商业计划书提供了帮助，还能使公司关注到市场分析的重要性。

市场分析应该重点关注创意的市场需求。识别市场应该考虑规模、趋势（最近三年）、增长率和特点。此外，该部分需要重点关注目前能够满足市场需求的所有产品或服务以及公司。

在第4章中可以找到各种信息来源，如一般信息、行业和市场信息、竞争性公司和产品信息、搜索引擎以及贸易协会和出版物。

细分市场

市场信息为新产品或服务创意进行重要的市场细分提供了基础。表9-1列出了六个总体细分标准，可以配合它们在三类主要市场使用：企业对消费者（B2C），企业对企业（B2B）或企业对政府（B2G）。两种最常用的市场细分方法是基于人口统计学和地理学，这两种方法同时也具有最多的公开数据可用，其来源在之前讨论过。最广泛使用的消费者人口指标是收入、性别和年龄，而最广泛使用的工业指标是产品线类型和销售额。这些可以在任何定义的地理区域使用。

其他较少使用的方法包括心理效用、使用量和可控的营销要素。其中，产生最有效结果的细分变量是根据效用分割。虽然在表9-1中，效用被划分为持久性、可靠性、经济性、所有权状态（企业对消费者）和运营效率（企业对企业），但组织应通过市场调研确定准确的客户想实现的效用。当产品或服务所考虑的独特的销售主张与这些效用相匹配时，成功上市的机会更大。

表 9 - 1　　　　　　　　　　根据市场类型细分市场

细分标准	基本的市场类型		
	企业对消费者（B2C）	企业对企业（B2B）	企业对政府（B2G）
人口统计	受教育程度，收入，国籍，职业，年龄，种族，性别	员工人数，销售规模，利润规模，产品线类型	机构类型，预算规模，自主权
地理	国家，城市，国家的区域	国家，国家的区域	联邦，州，地方
心理	人格特质，动机，生活方式	行业领导力	前瞻性思维
效用	持久性，可靠性，经济性，受尊重，所有权状态，方便性	可靠性，卖家和支持服务的可靠性，运营或使用效率，提高公司的盈利，持久性	可靠性，卖家和支持服务的可靠性
使用量	重，中，轻	重，中，轻	重，中，轻
可控的营销要素	促销，价格，广告，保证，保修，产品属性，卖家声誉	价格，服务，保修，卖家声誉	价格，卖家的声誉

营销计划

营销计划的制定需要基于创业创意的市场分析和市场细分。企业商业计划书的第四个部分需要根据四个主要领域来开发：产品或服务组合、价格组合、渠道组合和促销组合，如图 9 - 2 所示。每个要素都有自己的组合方式，以满足市场需求并实现客户满意。这些要素需要瞄准目标客户群体的满意度，这要求客户成为公司所有活动的中心和焦点。应该分析客户的需求和要求，使公司的产品满足这些需要——这也是营销理念的本质。

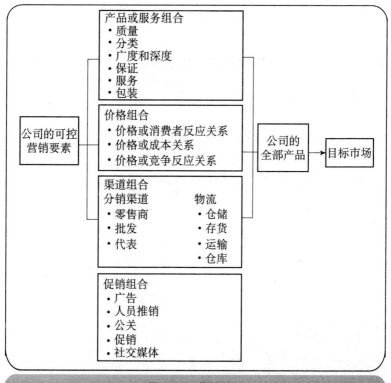

图 9 - 2 营销计划

产品或服务要素包括组成实体产品或服务的所有方面。这方面的营销计划需针对质量、品种、产品线的广度和深度、保修、保证、服务和包装做出决策。所有这些特性构成最终产品或服务对目标市场的吸引力。

与产品及其组合密切相关的是价格。产品价格大大影响了产品的形象以及产品的购买潜力。制定价格需要考虑三个方面：成本、竞争和消费者。

图9-3显示了价格对分销渠道中成员的影响。如图所示，每当新的分销成员加入都增加了最终销售价格。虽然不使用任何渠道成员，能够实现最便宜的价格（如在直接邮寄订单或基于网络销售的情况下），但通常情况下都需要渠道成员来促成销售。渠道成员通常能够更好地接触细分目标市场，并且可以促进与最终客户的关系。

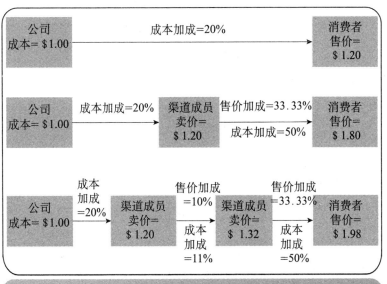

图9-3 渠道成员和价格

营销计划的第三个基本要素是渠道，涉及两个领域：分销渠道，主要包括产品从企业交给消费者这一过程中涉及的批发商和零售商；物流，是将产品从企业直接送到消费者手中的实物转移，涉及仓库、库存和运输等。这部分销计划通常不需要包含在企业商业计划书中，特别是在能使用公司现有渠道和系统的情况下。

最后的要素——促销涉及与以下五个领域有关的政策和程序：

1. 人员推销。如汽车经销商、药品经销商等。

2. 广告。预算、信息和媒介，如电视、广播、平面广告等。

3. 促销。预算、消费者交易类型、交易促销和店内展示。

4. 公关。进行有效媒体报道，塑造强大公司形象。

5. 社交媒体。诸如脸书、推特、横幅广告、病毒性商业广告以及其他可用于成功地将新产品或服务的价值和利益与目标消费者联系起来的媒体。

同样地，由于与渠道类似的原因，促销部分通常不是必需的，至少在初始的公司商业计划书中是这样。

盈利能力

公司商业计划书的盈利部分重点关注如图9－4所示的损益表，以及开发和推出新产品或服务所需的任何设备资本支出。虽然不是所有的类别都需要估算，但是最重要的类别，如总收入、销售成本和毛利（边际收入）应至少估算出第一年尽可能准确的数值。图 9-5 给出了计算利润的例子。

	第一年	第二年	三年总结 第三年
总收入①			
减：销售成本②			
毛利率			
营业费用			
管理层薪酬			
附加福利			
其他工资			
其他附加福利			
顾问费			
广告与促销费用			
物流费用			
坏账			
一般管理费用			
法律费用			
房租			
公用事业费			
保险			
税费			
利息			
外包会计和工资			
折旧			
杂项费用			
——————			
总运营费用			
税前利润（损失）			
税			
净利润（损失）			

注：①应参照营销计划计算总收入。
　　②销售成本应在单独的表上分解成为各组成部分。

图 9-4　损益表

假设：	1）售出 1 400 个单位	
	2）价格＝$40	
	3）成本＝$10	
总收入：数量×价格		
	1 400×40	$56 000.00
减：出售单位的成本×成本		
	1 400×10	$14 000.00
毛利（边际收入）		$42 000.00
营业费用：		
工资		$60 000.00
福利（25%）		$15 000.00
租用与共用办公室接听服务（每月$300）		$3 600.00
电费（$70/月）		$840.00
燃气费（$20/月）		$240.00
法务费用（开办费）		$4 000.00
厂商代表（销售价格$40 的5%）		
	1 400×40×5%	$2 800.00
广告（来自广告预算）		$40 000.00
电话（$100/月）		$1 200.00
顾问费（$3 000/月）		$36 000.00
外包会计和工资（$75/月）		$900.00
总运营费用		$164 580.00
税费		$0.00
净利润（亏损）		（$122 580.00）

图 9-5　预计损益表

未来行动计划

公司商业计划书应以一个简短的部分（称为"未来行动计划"）收尾。这部分主要讨论在开发和营销创业想法时可能遇到的潜在问题，以及组织的预期收益。最后一部分是对企业管理和员工的需求分析，是对于公司管理的规模和类型、开发和落地创意所需员工特点的一般性讨论。最后这一部分通常不是很具体。

小　结

本章重点介绍公司商业计划书，其格式和要求通常因公司而异，我们仅讨论了一些共性的方面。这些主要方面包括：执行摘要、产品或服务分析、契合度、市场分析、市场细分、营销计划、盈利能力和未来行动计划，以及它们的重要性和用途。

10

选择、评估和补偿公司内部创业者

招聘和选择企业创业团队应考虑的最重要因素是什么？公司创业者怎样才能成功地开发内部创业创意？什么是评估公司内部创业绩效的最有效方法？应该采用什么形式的补偿和奖励来回报成功？

诺基亚

诺基亚公司是移动领域的世界领先者，推动着互联网和通信行业的转型和发展。它是世界上最大的移动电话制造商。2010 年在 120 个国家的员工超过 123 000 人，净销售额为 297.95 亿欧元。诺基亚为主要市场生产移动设备，并制定了全球移动通信系统（GSM），CDMA，W-CDMA 和通用移动电信系统（UMTS）等协议。通过其 Ovi 平台，诺基亚提供互联网服务，如应用程序、游戏、音乐、地图、媒体和消息。诺基亚西门子网络公司是诺基亚的子公司，提供电信网络设备解决方案和服务。

诺基亚公司成立于 1865 年，当时采矿工程师弗雷德里克·艾德斯坦在芬兰南部的坦佩雷镇的一条河边建造了一家木浆厂。1871 年，艾德斯坦将他的公司命名为诺基亚 Ab。艾多拉德·波纶于 1898 年创立了芬兰橡胶厂，后来成为诺基亚的橡胶工厂。阿维德·威克斯特龙于 1912 年开办了芬兰电缆厂，这是诺基亚电缆和电子业务的基础。诺基亚 Ab、芬兰橡胶厂和芬兰电缆厂于 1967 年正式合并成诺基亚公司。目前的诺基亚公司有五类业务：橡胶、电缆、林业、电子和发电。

从 1968 年到 1991 年，新成立的诺基亚公司处于移动通信发展的理想位置。随着欧洲电信市场放松管制，诺基亚引入了一系列标志性产品并取得领先。1979 年，无线电话公司 Mobira Oy 作为诺基亚和芬兰一家领先的电视制造商 Salora 的合资企业启动。1981 年，第一个国际移动电话网络北欧移动电话（NMT）建成。1982 年，公司的第一台数字电话交换机 Nokia DX200 开始运作。Mobira Talkman 作为世界上第一台便携式 NMT 汽车电话于 1984 年推出。1987 年，该公司推出了首款手持式 NMT 手机 Mobira Cityman。

在 1992 年到 1999 年的移动革命期间，诺基亚做出了其历史上最重要的战略决策之一——专注于其电信业务。1992 年，诺基亚推出了第一款 GSM 手机，即诺基亚 1011。诺基亚于 1998 年成为手机世界的领导者。1999 年，公司推出了世界上第一款 WAP（无线应用协议）手机诺基亚 7110，可以访问如银行、电子邮件和新闻等移动互联网服务。

诺基亚的故事以 3G、移动多人游戏、多媒体设备和展望未来的方式持续着。2002 年，诺基亚推出了第一款 3G 手机诺基亚 6650，以及第一款带有内置相机的手机诺基亚 7650 和第一款支持视频拍摄的手机诺基亚 3650。2003 年，在 N-Gage 上，手机游戏成为多人游戏。诺基亚为鼓励人们在电池充满后拔掉充电器，推出了第一款有节能提醒功能的手机，这可以节省下足够每年 85 000 个家庭使用的电力。

诺基亚的成功因素之一是其在研发方面的高投入。2009 年，诺基亚有 17 196 人的研发团队，59.09 亿欧元的研发预算，是诺基亚年度净销售额的 14.4%。研发旨在通过关注不同的技术来推陈出新，鼓励研究人员为新业务发展提出想法。公司也参与到与大学、研究机构和其他公司合作的研发项目之中。

诺基亚研究中心通过与世界领先机构的选择性和深度研究联盟，积极参与所谓的"开放式创新"，与世界上最好的专家合作，创造全球商机。通过"共享资源，利用想法和知识，诺基亚能够创造充满活力的创新生态系统，加倍努力，提高创新速度和效率，为组织和客户带来更多的价值"。

诺基亚公司业务发展部门管理诺基亚的战略发展领域，搜索能够与诺基亚核心业务相结合，并超越诺基亚核心业务的"行业热点"——创新业务概念和技术，通过整合和扩张超越现有的核心业务。当新机会得到确认时，诺基亚会在内部或者同其他公司合作，通过授权、合资、收购或合作协议等方式来合作推动新业务。诺基亚在未来将持续创新以实现其成为移动解决方案的领先供应商的战略。

今天许多新创企业面临的挑战是如何开发一个有助于其成功的商业方法。这需要选择和招聘具有创业能力的个体，评估他们

的表现，提供公平合理的薪酬和有激励作用的回报。

公司内部创业者需要承担多种多样的角色，他必须确定创业机会并将其转化为行动，不断寻求新的创业机会，通过使用企业管理清单，评估在现有组织内创建成功的新创企业的潜力，从而监控动态环境中的变化和竞争（见表 10-1）。本章讨论创业者的选择、评价和补偿。

表 10-1   评估在组织内创造成功内部创业活动的潜力检查表

评估标准 评估与以下标准相关的风险潜力：	否	不确定	是
1. 是否制定了商业计划？			
2. 商业创意或概念是否可行？			
3. 是否编制与财务经理讨论过的财务报表和预算？			
4. 是否可获得足够的财务资源？			
5. 实现正现金流的期限现实吗？			
6. 所需的人力资源是否具备必要的技能和能力？			
7. 新创企业的财务需求是否符合现有组织的能力？			

市场可行性 根据以下标准评估市场可行性：	不足	与竞争对手相当	优于竞争对手	优秀	不确定
1. 评估一个可行和可信的市场机会的潜力。					
2. 评估市场方法，包括以下战略： 　● 管理客户 　● 供应商 　● 竞争对手 　● 其他外部因素					
3. 评估成功创建新业务，同时保护母公司的能力					

续前表

风险管理标准 评估与以下标准相关的风险管理潜力：	否	不确定	是
1. 风险管理团队里至少有一名成员有资历带领团队承担相关任务？			
2. 是否有适当的管理团队来承担必须完成的工作？			
3. 是否有机会从母公司或外部引入额外的管理支持？			
4. 现有组织中是否有适当的专业人员小组或外部顾问？			
5. 风险管理团队是否有能力和专业知识来调动稀缺的资源？			

技术可行性 评估与以下标准相关的技术可行性：	不足	与竞争对手相当	优于竞争对手	优秀	不确定
1. 评估技术开发及实现具体目标的可行性。					
2. 利用现有技术（或利用可能的竞争性和未来的技术）比较提出的开发方案。					
3. 评估组织现有的技术成果。					

资源 评估与以下标准有关的资源状况：	否	不确定	是
1. 在潜在的新创企业的背景下评估组织预算的充分性。			
2. 评估可用来执行项目的额外资金追加的可能性，以及可用于新创企业的潜在资金来源。			
3. 评估新创企业所需的空间可用性是否足够。			

商业化 评估与以下标准相关的商业化状况：	不足	与竞争对手相当	优于竞争对手	优秀	不确定

续前表

1. 评估拟议的商业化时间表，涉及：
   - 研发
   - 产权保护
   - 人力资源
   - 营销
   - 制造
   - 潜在监管要求
2. 评估组织在市场上成功竞争的能力。
3. 评估组织的分销渠道。
4. 评估组织的客户服务理念。
5. 在以下方面评估组织的能力：
   - 财务控制
   - 管理
   - 战略计划
6. 评估组织商业化的可行性。

挑选公司内部创业者和团队

决定公司内部创业活动成败的一个最重要的因素是拥有创业领袖和团队，他们具有将创意转化为现实的能力和热情。虽然挑选和留住合适的人才可能很困难，但如果有正确的激励手段还是可以实现的。通用电气前首席执行官杰克·韦尔奇在任期间制定政策并大力实践，使通用能够招聘、选择和留住具备企业家精神的人，并开发现有员工的创业潜力。由于个人往往难以具备开发新创企业所需的广泛技能，因此需要构建合适的团队。施乐公司设有一个将新技术商业化的部门，每个新公司的首席内部创业者都是从外部招聘的。

公司内部创业活动需要能够提供不带偏见的建议，并对母公司的内部政治不甚关心的人才。在大多数组织中，寻找这样的人是一个挑战。吸引合适人才的秘诀是确定企业创业所需的技能和知识。要吸引这种人才需要适当的激励和补偿机制。

企业内部创业活动通常使用外部顾问。顾问也应该接受评估或面试，就像全职职位需要推荐信一样。

在建立公司内部创业团队时，母公司可能不愿意将其设立为适用不同规则和政策的独立新实体，因此，母公司的一些招聘、选择、评估和薪酬战略被沿用。当内部创业需要有别于公司目前的标准薪酬方案时这种情况变成一个突出的问题。如果母公司的经理在创业企业中担任最高级别的职位，并以母公司通常的企业文化和控制方式领导企业，就可能会出现问题。意识到可能需要新的文化和环境是母公司文化和管理的第一个挑战。

沃尔玛、通用磨坊、英特尔和联邦快递等公司，已经投资数百万美元在它们的创业项目上。如何在公司内部创业早期做投资决策是一个挑战。如果对思科、基因泰克和雅虎等公司在早期基于短期盈利能力进行估值，它们就永远不会实现今天的成就。一个公司内部创业者如果能够认识到相关项目对公司核心业务带来的影响，就有动力和能力来影响公司相关行动，同时创造、建立和达成一个个里程碑。公司内部创业者必须是一个关注新创企业长期生命力的创新者。

现有企业中最好的管理者不一定是新创企业的最佳人选。这些管理者通常更加致力于保持企业传统，不愿意挑战它们，他们通常缺乏新创企业所需的经验和能力。

在母公司可能存在着超过管理团队预计的潜在的公司内部创业者。组织能够借此从内部发展管理人员和培育创业文化。例如，雪佛龙、联合航空、福特汽车和施乐等公司都从内部挑选了创业领导者。重要的是，内部人才调到新创企业不会使母公司相应位置失去人才。企业家需要通过提出以下问题，来确定理解业务和初创企业需求的核心群体：

● 我们有一个有能力的公司内部创业者去领导新的企业吗？

● 现有顾问或董事会成员是否具备专业知识，可以将新创企业带入其生命周期的下一个阶段？

● 我们能否组建一个有足够动力、动机和经验的团队承担创业任务？

● 是否有足够的证据表明公司的创业者和其团队可以有效地一起工作实现协同？

一些公司内部创业单元招聘具有公司内部创业所需的技能和经验的外部人员。新雇用的公司内部创业者需要是一个充满活力的领导者，他担负多种职责——管理者、领导者、发言人、沟通者、决策者和协调者。新的公司内部创业团队需要一起创造性地和创新地工作，通过共同的目标和愿景团结起来。因为在公司内部创业项目的整个生命周期中需要不同的技能（例如营销、融资、技术），团队需要通过开放式的沟通紧密结合成整体，不断相互促进并提供反馈。

内部创业团队的角色

公司内部创业需要许多角色：

● 企业 CEO。负责项目的整体发展和推进。

● 技术创新者。负责重大技术创新的人，比如阿特·弗赖伊，他开发了 3M 便利贴。

- 产品或服务斗士。在直至项目完成的所有关键阶段，对项目落地、发展和进步起推动作用的人。
- 资源分配者。帮助创业项目获得必要的人力和非人力资源的人。

内部创业领袖的关键特征

内部创业领导者需要具有以下特点：

- 精力充沛、充满动力和热情。
- 能够吸引、挑选和激励合适的人。
- 具有足够的个人魅力带领企业并领导内外部团队。
- 足智多谋。
- 具备优良的沟通技巧。
- 具有在公司内部和外部推销创业项目的能力。

创业领袖需要符合下列人员的期望：

- 母公司高管成员。
- 新创公司的管理者和他们的团队。
- 大多数组织成员。
- 所有与新创企业有关的成员。

领导新创企业的创业者需要：

- 支持和保护团队。
- 容忍错误。
- 领导和指导管理人员与团队。
- 适度冒险。

- 分享愿景。
- 对解决问题的人授权。
- 宽容内部竞争。
- 激发创新和创造力。
- 积极搜寻创意。
- 忍受无秩序。
- 鼓励实验和测试。
- 信任管理者和团队。
- 容忍模糊性。
- 驱动和激励团队。

公司内部创业者需要获得恰当的支持和协作，并有效利用资源，同时以新创企业和整个组织的最大利益为目标行动。团队必须有一种创业的心态，个人的活动被适当地整合，以实现根本目标。

公司内部创业者生存指南

以下是成功的公司内部创业者所遵循的一些指南：

- 只追求潜在收益和潜在风险合理的创意。
- 在每个开发阶段结束时要求反馈。
- 确定一个执行领导和其他重要联盟。
- 虚怀若谷，真诚待人。
- 认识到你的核心竞争力，并利用它们来弥补潜在的弱点。
- 避免内部组织和外部媒体的不必要的宣传。
- 确认并适应公司内部创业的生命周期阶段。
- 确保新的创业政策和程序由首席执行官制定和支持。

- 以身作则，为企业提供领导和管理。

创业生命周期与内部创业团队的选择

在公司内部创业生命周期的每个阶段，团队可能需要发生改变，甚至领导团队的内部创业者也需要改变。一些团队成员希望参与到公司内部创业的主要发展阶段，一些人把它看作在母公司获得晋升的机会，一些人希望开创新的公司内部创业企业，还有一些人想回到他们以前的位置。该过程的每个阶段都需要不同的技能和经验。

- 构想与发展。在这个阶段，内部创业者需要展示驱动力、动机、毅力、智慧、魅力以及向团队传达机会的能力。领导者需要创新、专注，相信提出的想法和创造的机会，并拥有完成任务所需的能量。

- 商业化。企业家需要表现出热情、渴望和能力，并以行动为导向。

- 成长和发展。公司内部创业者需要创新和创造力，以确保新创企业的进一步成长和发展。

- 绩效。由于创业企业已经启动，并在市场上保持了一定地位，公司内部创业者需要发展创新，以保持其市场地位。

英特尔和波音等公司向它们的内部创业团队投资了数以百万计的资金，而且随着时间的推移不断追加投资。

企业家应该通过以下方面领导团队：

- 发展有效的解决问题的方法。

- 试点（即识别需要改变的内容）。

- 全力以赴（即奉献和投入）。

- 明确需要做什么。
- 鼓励参与决策。
- 了解创业项目的特点。
- 聚焦愿景。
- 培养团队合作精神。

评估内部创业团队的绩效

评估绩效聚焦于公司内部创业团队在何种程度上实现了目标。虽然创业企业从清晰而明确的目标和宗旨起步，但它需要灵活地适应现实。思科采用一种非常规的公司内部创业形式，即所谓的"外部探究与开发"。该公司开发了一个精密的公式用来评估、收购和整合初创企业和不断成长的技术公司，以及过去十年中收购的超过65家创业公司。评估时还应考虑，单个企业的绩效不能妨碍母公司的发展，因为新创企业会直接影响母公司的现金流和利润。

内部创业团队的评估标准

使用母公司的传统绩效标准来评估一个新创企业的绩效是不恰当的。评估标准需要关注在保持质量标准的前提下，以合理的成本及时完成任务，还需要体现团队合作、协作和投入。

以下是建立适当评估标准的方法：

- 确定要评估的内容。所有评估都需要采用明确、客观和一致的方法。所有关键方面都需要建立一个适当和一致的评估战略，以便准确地进行比较。

● 明确界定期望的绩效标准。要遵循实事求是的原则，并明确地和所有参与者沟通。评估可以在期间或在完成时进行，以确保任务在合理的时间内以合理的成本完成。

● 评估实际绩效。在一定时间内根据结果的质量和替代行动方案进行评估。

● 将期望的绩效标准与实际的绩效标准进行比较。如果实际和期望绩效之间存在可接受的差异，则评估和控制过程不必纠正偏差。

● 发现偏差，需要采取适当的行动。如果偏差是不可接受的，则必须迅速采取行动。

虽然有效的控制系统不能保证组织的成功，但它确实有助于组织目标的实现。内部创业需要一个基于组织的长期目标而制定和实施的控制系统。每个新创企业控制应当：

1. 容易理解并适用于新创企业。

2. 评估和评价所有重要的创业活动。

3. 在适当的时间框架内进行。

4. 分为短期、中期和长期标准。

5. 迅速、全面地识别所有偏差。

6. 能够帮助新创企业前进。

在评估公司内部创业者的绩效时，企业控制系统需要保持灵活性。

补偿内部创业者

对公司内部创业者进行补偿和激励的做法差别很大。在诺基亚，是没有财务奖励的。在 DCA 食品工业股份有限公司，20％的利润分给企业创业管理团队。泰克科技有限公司设立了与薪水挂钩的里程碑奖。在 3M 公司，所有参与新的公司内部创业项目的个人，都将根据他们所实现的产品销售增长来调整工作和薪酬。因为为新产品寻求资助是管理层的责任，所以 3M 对这些管理者有特别的补偿激励。

公司内部创业领导者的薪酬需要能够激励他们实现理想，并与他们对组织的贡献相关联。财务激励政策可以帮助吸引和留住合适的团队。在制定适当的补偿计划时需要考虑以下几个方面：

- 强调长期绩效。
- 专门为新创企业制定标准。
- 有助于创业者自我实现和超越。
- 强调个体绩效对团队的激励。
- 基于标准设定激励。
- 在一定时间框架内给予重大财务奖励。
- 基于外部的权益。

补偿计划对于保留创新和创造性人才很重要；奖励措施需要有激励性。个体激励需要与团体激励相平衡，以鼓励个体主动工作，并融入团队。将补偿与企业集体绩效联系起来更具挑战性，这可以通过将薪酬增长与里程碑达成情况相挂钩，或使企业家以股权形式从业绩增长中享受红利。可以采取大额奖金或一定期限的股票期权的形式来实现。

补偿方案在下列情况下对于吸引个体尤其重要：

- 当一个内部人被鼓励离开一个重大项目，加入新的公司内部创业团队。

- 外部人员被鼓励离开现有的比较高的职位，加入新的公司内部创业团队。

- 财务激励是内部或外部个体在企业中担任职位的主要动机。

- 离开一个更安全的职位去一个新创企业工作，平衡相关的风险和报酬因素。

- 作为对公司内部创业团队的努力工作和投入的奖赏时。

如果内部创业者和团队没有得到足够的补偿，母公司实质上是在鼓励他们离开组织。如果公司制定了一个针对不切实际的目标的补偿计划，将会使员工受挫。根据施乐公司的经验，奖励成功很容易，但激励失败同样重要。施乐公司不会通过事情的结果来判断、评判个体，而是通过他们努力的质量。

当惠普和微软竞争软件工程师时，每家公司都表现出不同的企业文化，这在其薪酬系统中得到了显著体现。丰田和东芝也存在这种现象，它们具有相同的国家文化，却有着不同的组织文化和不同的薪酬与补偿制度。从战略角度来看，组织需要构建补偿和奖励制度以发展企业文化。

补偿和激励系统的组成部分

制定有助于吸引和留住能够成功促进新创企业发展的内部创业人才的薪酬计划，需要考虑以下薪酬和激励因素：

- 公平。部分所有者对于在新企业或母公司持有普通股或优先股的形式有兴趣。

- 奖金。与个体或团体绩效成果相关的奖金，绩效包括销售额、利润和投资回报等。奖金可以是固定的、可变的或任意的。

- 工资上涨。将现有公司的薪酬制度应用于新创企业。

- 职业晋升和进步。随着机会的不断产生，那些对新创企业做出最大贡献的人应该得到认可，并应该拥有申请更高级别职位的机会。

- 认可和奖励。非财务激励对于许多创业者来说和财务激励具有同样的价值。可以通过认可仪式和奖励（也可以是财务上的，如杜邦公司）、同伴认可、月度最佳雇员或者休假福利等形式，来认可他们的贡献。这些激励措施需要与组织文化相一致，并且公平对待所有为新创企业取得成就做出贡献的人。

新的补偿和激励措施

表 10－2 列出了一些有助于公司内部创业成功的补偿和激励措施。

下面是一些补偿和奖励公司内部创业行为的新方法：

- 员工将工资的一部分用作风险投资，基于团队的表现，他们可能投资失败，也可能获得双倍或三倍回报。

- 把个性化的"创新者"夹克、衬衫和皮革文件夹奖励给对企业有贡献的员工。

- 当员工的新想法被公司采纳时，CEO 向员工奖励股票。

- 员工可获得 500 美元用于与他们的工作有关的创新理念。

- 公司租下一个体育场，邀请员工及其家人、朋友在看台就座，让创新冠军跑向场地中央，并在大屏幕上展示其名字和成就。

- 公司设定一个目标，将高于这一目标的增量收益的 30％放入一个奖金池，基于每个员工的业绩评价分发池里的资金。

- 给进行尝试但遭遇失败的员工小额现金奖励，季度最好的失败则会收到一个数额更大的奖励。

- 一些公司实行积分制，员工不同类别的创新贡献会获得不同的积分。积分可兑换电脑、办公用品、子女免费日托、学费报销或其他类型的奖励。

- 设置"月度创新者"的特定车位。

- 在一项重大创新中，工作的团队成员在一开始获得零值的股份，在里程碑得以（准时）实现时，股价会达到预定价格；未实现股价则会下降。

- 一家公司将员工的现金奖励与一定时间内取得的创新组合相关联，包括产生的创意、申请的专利、开发的原型等。

- 员工因创新建议获得认可，然后在年底为所有被接受的建议绘制一张图表，赢家获得相当大的财务奖励。

- 一个公司设立了"频繁创新者"计划，类似于航空公司常客计划那样运作。

- 为员工写"传记"，讲述其故事和其一直倡导的创新。"传记"里充满溢美之词和一些小幽默。

- 一家公司在员工的构想正式实施的这一天为其提供礼券，另一家公司则将员工带至"藏宝屋"，让员工随意挑选礼物。

- 一家公司将员工创意实施头两年中实现的开支削减的15%奖励给员工；如果创意是新产品，则将第一年销售额的3%作为奖励。

- 在创新方面表现最佳的团队获得一个星期的度假奖励。

- 一家公司向在管理会议上提出最具挑战性问题的员工提供储蓄债券。

- 一个组织将500美元现场奖励给表现特别主动的人。

- 一些公司通过运动会、竞技表演、比赛、游戏等活动来挖掘员工的主动性和卓越性。

- 一些公司有好评和认可板、杰出表现俱乐部和杰出个人奖。一些公司让创新者出现在公司的广告中。

表 10 - 2　　　　　　　　　　公司内部创业的补偿和激励因素

公司内部创业 成功因素	影响满意度的补偿和激励因素
对补偿和奖励 的满意度	• 购买力：基于生活水平 • 公平：对于能力、贡献和努力的个性化评价 • 平等：就内部和外部的比较而言 • 期望和价值：奖励达到预期，并与实现它们所需的努力和技能相匹配 • 平衡：内在和外在报酬的平衡 • 总体利益包：取决于所提供的补偿和激励的搭配
CEO、创业管理 团队的驱动力、 激励和承诺	• 有竞争力的收入 • 补偿和奖励的透明度与公平性 • 与公司内部和外部组织相关的公平和竞争计划 • 个人补偿和激励计划 • 提供财务和非财务激励
有效的团队 合作和协同	• 团队激励计划 • 给予所有团队成员及其贡献以公平和公正的对待 • 团队成员的有效组成 • 团队认可
公司和新创 业务的支持	• 母公司支持新创企业，并认可和尊重它们之间的差异 • 提供风险和奖励之间的平衡
认识到外部环境 的重要性	• 团队灵活性和对外部环境因素的适应性 • 个体和团队有自主权以在变化的环境中取得成功

以下是关于公司和它们的新创企业的关键经验教训：

- 公司需要创造一个支持和促进创业的企业文化环境。

- 新创企业目标与公司目标不同。

- 新企业可以从公司创业活动中学习宝贵的经验教训，作为识别创新机会，实现成长和发展的有效方法。

- 在合适的时间、合适的岗位拥有合适的人才是新创企业成功的关键。

- 新创企业需要时间、投入和精力才能实现发展。需要监控、评估衡量其进展，并确定是否需要改变或终止项目。

- 在有助于实现创业公司的目标、文化、管理需要以及团队工作的背景下，补偿和激励实践应该是公平和公正的。

小　结

本章重点介绍公司内部创业企业成功的一个基本组成部分——吸引、招聘、选择、评估和补偿内部创业者及其团队。公司内部创业活动需要吸引人才，并与潜在的合作伙伴、顾问和客户建立关系。创业者需要承诺、激情和有效管理，同时需要领导和整合能力。挑选一个顾问委员会有助于获得更多的支持。建立适当的招聘和甄选程序，以确保招聘和选择到合适的内外部潜在的创新人员。

公司内部创业活动需要对其进行监测和评估，这些监测和评估应基于任务的里程碑进行，即是否完成目标及是否达到预期效果。评估需要持续进行，以便迅速采取纠正措施。创业活动需要制定一个适当的补偿和激励计划，将财务和非财务激励相结合，包括股权、奖金、加薪、职业进步和晋升、认可和奖励等。

11

新创企业融资

如何为新创企业融资？它们需要多大规模和什么类型的资金？联合利华公司采用了什么样的融资流程？

情境案例 ————————————————————————

联合利华

同许多公司一样，联合利华看重创新和研发新的独特的产品。公司一般每年投入 10 亿欧元到研发上，以支持公司旗下 14 个产业的 400 个品牌。公司将许多新的研发项目委托给大学进行探索和开发，但联合利华的管理层开始注意到——越来越多的大学创意给了创业投资公司，高层意识到自己正在错过非常好的扩张机会。联合利华公司同时也发现在确定内部创意能否转化为具体的产品上存在困难。相较于从内部营造创业氛围，联合利华高层决定采用借助外部资源的商业战略来驱动创新和公司内部创业活动。公司内部创业项目最终获得了来自最高层的支持，2002年，联合利华技术风险投资（UTV）在加利福尼亚成立，联合利华风险投资在伦敦成立，两者都独立于联合利华公司。

UTV 和联合利华风险投资接受三种监管：第一，管理层开发公司内部创业风险投资项目，并使之尽可能地与风险投资模式保持一致。第二，管理层将公司内部创业风险投资按不同的角色和投资阶段进行划分（初创企业、后期开发以及收购）。第三，为了保证既定的项目以特定的业务模式进行管理，联合利华风险投资决定将其他风险资本和私募合伙人纳入融资的过程。

公司内部创业项目有三个主要目标。第一个目标，开创新业务，或者在具有成长或盈利前景的公司中占据股份；第二个目标，保证联合利华将资金投入科技初创企业，以获得新技术；第三个目标，通过运用联合利华的内部智慧资源，为分支机构创造新业务。联合利华风险投资项目旨在帮助联合利华盈利。因为基金资助的项目能够获得联合利华巨大技术积累和智力资产的支持，基金的宗旨是开发联合利华在 5～8 年中可能有兴趣购买的2～3个业务。新业务能够通过提供创新的产品或服务，来提升联合利华品牌的底蕴。同时，联合利华的管理者认为关注其他公司的动向也非常重要，资助外部的初创企业便是实现该目标的好方法。

UTV 成立的目标在于向科技领域的公司提供融资服务。在2002 年成立之后，UTV 主要投资于生命科学和材料科学领域的初创公司，截止到 2009 年已经扩展至前沿技术公司（例如神经物理学和脑科学研究）、决策和行为科学产品设计、微缩技术、过程技术（包括微型化、最优化、机器人技术、传感器、物理以及食品和家居相关化学品)、个体护理(造型设计、建模、纺织技术、安全、自组装、测量科学以及水净化技术)。生命科学领域的投资包括生物、基因、食品和营养、药品递送设备、药品、系统生物学、诊断以及化妆用设备。由于联合利华对基础科学和技术创新有非常大的兴趣,其作为母公司,通过对这些科技型初创公司及其他早期公司的投资,使自身处于产业的前沿,并持续地进行产品创新。

理想的投资标的设定为少于100个雇员和处于500万~2 000万美元之间的估值。如果可能,联合利华会从各个公司获取小部分的股份,并派驻观察员以对投资负责。为了与新创企业的战略一致,UTV依靠其广泛的关系网、对全球供应链的理解和在不同产业中的研发经验,提供关键运营战略和融资的建议。UTV选择那些有独特专利性的产品或技术的公司,即有壁垒的公司进行投资。更好的情况是这些公司有大的目标市场、有吸引力的市场机会、杰出的管理团队和先进的科学技术能力,以及过去成功的运营记录。

联合利华风险投资的第二个分支驻扎在伦敦,聚焦于在欧洲的业务扩张。覆盖的行业包括消费品和服务、医疗、休闲、零售、传媒以及环境服务。联合利华风险投资寻求投资那些能够与联合利华现有品牌、技术、专长相结合,或者公司知晓如何运营的业务。虽然风险投资部门成立的初衷是投资于初创企业或早期企业,以享受巨大的成长空间,但联合利华风险投资现在也寻求处于发展后期阶段的企业投资机会,并考虑控股收购。创业后期阶段的企业通过联合利华风险投资的注资,能够增加产能、加速产品研发以及补充流动资金。管理层优先考虑收购估值在5 000万欧元以上的公司,收购的标准包括成为单独的主体,或者作为战略收购加入到联合利华现有的投资组合中。

从 2002 到 2009 年，联合利华风险投资共进行了约 20 笔投资。联合利华风险投资同另一家风险投资 Vectura 集团合作，在 2006 年 5 月对 PharmaKodex 进行了投资，PharmoKodex 致力于创造连接客户健康和药物制剂的渠道，聚焦于创造改进型的医疗产品、为现行药品寻找更多用途，以及开发新的监管途径。通过对联合利华和 Vectura 的智力资产和技术的运用，PharmaKodex 成功的概率大大增加。在 2008 年 4 月的另一项投资中，联合利华风险投资（同 Portion 资本、Ploughshare 创新资本以及彩虹种子基金一起）投资了 P2i Ltd.，一家研发防水涂层技术的公司。因为早就意识到真正的技术创新的稀缺性，联合利华投资之后把该公司从寻求革命性创新的泥沼中拉了出来。联合利华风险投资的另一投资领域是智力服务，比如一家运用创新软件提供定量在线调研，以产生优质市场数据的公司。

今天，联合利华有约 17 400 名雇员，有来自 20 个国家的高管，在 100 个国家开展业务。公司通过独特的投资方式持续创新。

本章聚焦于公司内部创业活动的融资，叙述了内部创业对融资的需求，并介绍了风险投资产业的概况。接下来讨论了融资评估流程，并在最后讨论若干新创企业估值技术。

融资需求

创新的创意和概念在不同的发展阶段都需要融资，组织内部融资需要财务评估，并要求一定的投资回报，包括财务的或者非财务的回报。期望的回报可以是利润率、周转率、销售收入、销量增长、成本降低、就业、估值、产品线扩展或者其他的利益。只有有证据表明一项潜在投资能够获得不低于其他备选项目的投资回报时，指导委员会（顾问）、总裁、副总裁、内部资本投资委员会才会投资于该新创企业。资金在所有的组织中都是有限的，任何对公司内部创业创意的支持都需要详细的财务计划、广泛的调查和相关的预案，以防高估项目（通常是营收和利润）。公司内部创业者，不管他们对于自己的创意具有多大的热情，都必须对财务规划非常熟悉，或者在公司内部创业团队中有具备这些技能的成员，并能够完成商业计划书中涉及相关数字的部分（见第9章）。无数公司内部创业者都因为缺乏可信的销售数据、财务计划和毛利率而融资失败。

难以获取资源的问题在开发新的公司内部创业创意的初期尤其突出。难以获取财务、人员、材料等资源，或者无法利用组织内的产能和服务系统会严重制约公司内部创业者。当创意十分新颖——对组织来说是非连续创新——时问题更加突出，这是因为，新颖项目同组织现有的目标、资产、客户群，以及配送系统的匹配程度低，正如第9章所讨论的那样。在给定组织总体资源的条件下，公司内部创业者也会试图从其他方面或组织中的其他人员处获取资源。

风险投资产业概况

风险投资并不是一个已经被充分了解的领域。总体来看，风

险资本最好被看做专业化管理的权益资本池。通常情况下，权益
资产池由有限合伙人的资源构成。其他主要的投资于风险资本的
有限合伙人包括养老基金、大学捐助基金以及包括外国投资者在
内的其他机构。资产池通常由一般合伙人即风险资本公司管理，
风险资本公司按照投资实现收益的一定比例提成以及收取管理
费。风险投资一般发生在创业企业的早期阶段、第二和第三阶段
以及杠杆并购阶段。实际上，风险投资最好划到长期投资类别之
中，通常可供初创企业用于创立、当前业务的扩张和振兴使用
5～7年，以及对大公司的现有分支机构或私人股权企业的杠杆收
购提供融资。在每一笔投资中，风险投资家持有投资对象的股权
份额，这可以通过股票、权证或可转换优先股实现，也可能是持
有债权，并积极参与到对投资组合公司的监督中，也为相应公司
提供引资、融资规划和商业技能等帮助。

　　虽然风险投资在美国的工业化进程中起到了重要的作用，但
直到第二次世界大战之后才得以机构化运作。1946年美国研究与
发展公司（ARD）在波士顿成立，标志着风险投资产业开始出现
机构化运作。ARD是由杜洛特将军发起的向个体和机构募资的
小资本池，在新兴业务领域进行活跃的投资。

　　接下来的重大进步是1958年颁布的《小企业投资法案》，它将
私人资本和政府基金合并，供专业的小企业投资公司（SBIC）吸引
资本进入初创公司和成长中的小公司。在税收优惠、政府基金的杠
杆效应以及私人资本公司的综合作用下，这些SBIC成为正式风险
投资产业的起点。1960年，SBIC急速扩张，当年共批准了大约585
张牌照，2.05亿美元的私人资本参与其中。目前共有约360家
SBIC在运营中，其中的130家是专注于投资少数族裔企业的少数

族裔小企业投资公司。

20 世纪 60 年代末期，小型私募风险投资机构兴起。这些公司通常以有限合伙的形式运营，风险投资公司作为一般合伙人收取管理费及一定的业务提成。参投的有限合伙人通常包括保险公司、捐赠基金、银行信托、养老金等机构投资者，以及个体和家庭。美国共有超过 900 个这种形式的风险投资机构。

另一种风险投资公司也在这一时期出现：大公司的风险投资部门。这些公司通常位列《财富》100 强榜单，它们与银行及保险公司关系紧密，正如开篇案例中提到，如 3M、孟山都、施乐、英特尔和联合利华等都有自己的风险投资部门。它们倾向于在技术的窗口期或者新市场需求同公司使命契合时进行投资。

为了满足经济发展的需求，出现了州发起的第四种形式的风险投资基金。这些州发起的基金有各种形式，虽然在各州之间它们投资目的和产业导向各不相同，各个基金管理公司都被要求在州政府发起的风险投资基金中投入一定比例的私有资金。通常来说，在美国行政和政治体系之外的私人部门专业化管理的基金能够有更好的业绩表现。

风险投资机构的类型如图 11-1 所示。除了之前讨论的四种类型，还出现了大学发起的风险投资机构，这些风险投资机构独立运营，投资于特定大学的技术。在诸如斯坦福、哥伦比亚和麻省理工学院等学校，学生能够帮助教授或者其他同学制作融资用的商业计划书，或辅助基金经理完成相关任务，同时学习风险投资的流程。在成功投资中一个有经验的基金经理是必不可少的。

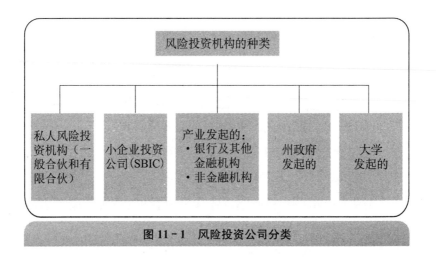

图 11-1　风险投资公司分类

公司风险投资部门

　　公司内部创业投资活动包括组织已有的业务部门负责的创业投资或者创建一个新的业务机构。公司风险投资部门的主要职责是承担投资和创建新公司的公司内部创业行为。在母公司组织范围内设立新业务，有时被称为内部公司创投。正如本章章首案例提到的，公司外部创业投资活动涉及促进不在公司组织架构领域内的初创或成长阶段的外部业务或公司的投资。合资公司风险投资行为是外部公司风险活动的一种，在这种类型下公司与另一个成熟的组织一起投资，并创造新的外部公司。所有三种公司风险投资方式是公司回应创新需求的重要方法。联合利华、谷歌、英特尔、3M、通用电气、摩托罗拉、宝洁以及微软等公司，都成功地将公司内部创业风险活动作为它们创新战略的关键构成。

　　许多公司风险投资部门除了投资公司内部创业创意外，也负责投资公司外部产品或服务创意，这些创意需要与公司目标一致。陶氏化学的风险投资机构的投资兴趣便聚焦于化学及相关产品领域。这些投资通常表现为由普通股和可转换优先股构成的少数股权的形式，目的在于运用被投资公司在运营或产品中的技术。美敦力公司将该方法视作医疗技术研发的常规战略。这在某种程度上是一种表外研发支出措施。得到一个声名卓著的、广受认可的风险投资机构的投资能够提升年轻的不知名企业的公众认可度。这种"认证"能够反过来帮助被投资企业吸引新的商业伙伴和客户。另外，新创企业能够获得成熟投资公司在技术开发、销售、供应链和分销渠道及整体产业上的帮助。

公司风险投资部门的另一项职责是投资于公司内部构建的新创企业。这为公司内部创业项目的实施提供了必要的资本。每个内部风险投资决策都需要经过下面将要介绍的评估流程。

评估流程

第一，新产品或服务的创意应当与公司的使命一致，并与公司目前的产品线和市场方向一致。公司喜欢运用现有的知识，来帮助确保新产品的发布取得成功，同时产生协同作用。与现有机构的匹配是一个广泛运用的标准，除非公司试图重构其自身，这在组织的生命周期中会定期地发生。

第二，鉴于风险投资机构通常不是支持研发活动的资金源，如果产品或服务的创意需要在一定的期限内才能实现技术上的可行性，商业化进程中的开发费用和期限必须明确。

第三，市场应当足够大且对于公司来说是可进入的。大公司对该标准尤其看重，它们要求较高的销售额和回报，创业公司经常为了接受大公司的融资而对创意进行折中。为了创业提案获得通过和公司内部创业的成功，往往需要在该部分得到较多的帮助，科技型公司尤其如此。获取市场数据的方法在第 4 章中有讨论。但如果公司真的希望拥有充满生机的公司内部创业项目，那么需要为项目提供这些方面的相关培训和协助。开发公司商业计划书需要同样的协助，具体见第 9 章的讨论。

第四，必须要确定创意的负责人。尽管负责人通常是该创意的原创者，但同时需要具备能力的核心成员组成的小组，共同将创意转化为市场上的成功产品。提供创意的公司内部创业者的能力、背景、教育和工作经验及相关组员的确认，都需要经过仔细的探讨。

第五，需要明确一些收入和成本指标。表 11 - 1 至表 11 - 4 列示了一些常见指标，表 11 - 1 中的指标能够用来确认产品或服务创意的潜在收入。通过培训和帮助，公司内部创业者能够大大地提高预测准确度，就算没有培训或帮助，提出提案的公司内部创业者也应当对价格和潜在营收有一定的把握。其中，需要考虑的时间因公司而异，很多公司只考察第一年的销售额。表 11 - 2 中的指标有助于确定产品或服务的成本或销售成本。通过对成本构成进行拆分能够很好地完成该项任务，单位成本同销量相乘便能得到每年销售商品的总成本。表 11 - 3 列出了一些一次性或者可能包含在月度费用里的项目。再次强调，这些项目因公司而异。表 11 - 1、表 11 - 2 和表 11 - 3 的结果汇总于表 11 - 4，用以表示新产品或服务创意的潜在利润。尽管每个表中的细节因公司而异，但强烈推荐公司内部新创企业提案中包含上述所有表格，这样能帮助公司内部创业者更好地聚焦于市场和利润。

表 11 - 1 　　　　　　　　　　潜在收入

第一年
售价
预计销量
收入：售价×预计销量
第二年
售价
预计销量
收入：售价×预计销量
第三年
售价
预计销量
收入：售价×预计销量

表 11 - 2 　　　　　　　　　　销售成本

	成本
总成本	
年度成本	第一年　　第二年　　第三年
销售量	
总销量	
成本	

表 11 - 3 　　　　　　　　　　费用估算

	第一年	第二年	第三年
一次性费用			
会计费用			
计算机硬件			
计算机软件			
设备			
家具			
注册费用			
法务费用			
市场调研			

续前表

	第一年	第二年	第三年
产品认证			
产品出样			
产品测试			
包装			
促销			
电话费			
杂费			
一次性费用总计			
月度			
人力			
办公室租金			
租赁费用			
借款利息			
办公室耗材			
杂费			
月度费用总计			

表 11 - 4   盈利潜力

	第一年	第二年	第三年
收入			
销售量			
售价			
总收入			
销货成本			
毛利润			
费用			
一次性费用			
月度费用×12			
费用总计			
净利润			

创意估值

对创意进行估值是风险投资部门面临的一大难题，估值的核心在于确定创意的价值，并决定是否为其提供融资。这由估值中的若干要素决定。

估值要素

虽然对创业项目的估值会因具体情况不同而有所差异，但是也包含了一些基本要素。第一个要素，即估值的起点要素是创意特点及其发展历程。确定创意的特征和其所适用的产业是每个评估过程的基本问题，因为这关系到所涉及的风险以及公司对不利情况的承受能力。

估值过程也必须对整体经济环境和特定产业具体环境进行考量，这是估值考虑的第二个要素。这一要素包含对国内和全球经济中相关产业财务数据的考察。同时也要评估管理层当下和未来的能力；相关创意未来的市场空间及其未来的发展趋势，未来市场是否会出现成长、衰退或者保持稳定等情况以及这些市场情况出现的经济条件。

比率分析

我们可以对风险投资机构制定的预计资产负债表和损益表进

行一些比率分析。计算财务比率作为分析和控制机制，对预测新创企业的财务走势具有非常重要的意义。这些比率可以用来衡量公司内部创企业的财务稳健性和弱点，但在运用时必须谨慎，因为这些指标仅是解释财务成功的一个控制手段。没有一套比率是必须使用的，而且对所有比率的定义也没有标准。公司内部创业者也可以运用一些行业的经验规则，来构造财务数据。虽然比率分析通常基于实际财务数据加以应用，但是预计资产负债同样能够提供对潜在问题的直观感受。我们将讨论四种类型的比率：流动性比率、经营活动比率、杠杆比率以及盈利能力指标。

流动性比率

流动性比率显示的是组织偿还短期负债的能力。流动性衡量的是资产转化为现金的速度。在需要归还借款时，流动性高的组织能够将资产迅速变现；流动性低的组织在偿还债务或获得低利率借贷上存在困难。两个最常用的流动性指标是流动比率和速动比率。

流动比率

该比率通常用于衡量公司内部新创企业的短期偿付能力或者短期偿债能力。流动负债必须由现金或其等价物进行偿付，否则公司内部创业者需要借钱来履行偿债义务。当流动资产是108 050美元，流动负债是 40 500 美元时，相应的公式和计算结果如下：

$$\frac{流动资产}{流动负债} = \frac{108\ 050}{40\ 500} = 2.67(倍)$$

超过 2∶1 的比率被认为是良好的，公司内部创业者同时应当将该比率同行业标准进行比较。对上述结果的解释是对于每 1 美元的流动负债，公司对应地有 2.67 美元的流动资产。这个比率显示，该公司具有较好的流动性，预计能够履行偿债义务，甚至在出现意外情况导致其现金枯竭的情况下也没有问题。

速动比率

该指标扣除了库存，流动资产被压缩到最少，因此这是一个更加严格的短期流动性指标。基于之前的数据，假定库存为10 450美元，相应的公式和结果为：

$$\frac{流动资产-存货}{流动负债}=\frac{108\ 050-10\ 450}{40\ 500}=2.40（倍）$$

该比率显示该新创企业具有良好的流动性，因为每1美元的债务对应有2.40美元的现金等价物。通常在绝大多数行业中，当比率大于1∶1时被认为是良好的。

经营活动比率

经营活动比率显示的是组织运用资源的效率。

平均收款期

该指标描述的是将应收账款转化为现金需要的平均天数。该比率帮助公司内部创业者衡量应收账户的流动性或者公司内部创业企业从其客户收款的能力。运用公式，假定应收账款为46 400美元，销售额是995 000美元，结果为：

$$\frac{应收账款}{平均日均销售额}=\frac{46\ 400}{995\ 000\div360}=17（天）$$

周转天数因行业而异，该结果需要与行业标准进行比较。然而，如果发票显示支付期为20天，那么可以判断大部分客户都按时付款。

存货周转率

该比率衡量了公司内部创业企业管理和销售库存的效率。高周转率是良好的信号，显示公司内部创业企业能够快速地销售其库存。过快的周转也可能显示公司有供货不足的风险，这将导致公司损失订单。库存管理对于新的公司内部创业企业的现金流和盈利能力极为重要。假定成本为 645 000 美元，库存为 10 500 美元，该比率计算如下：

$$\frac{销货成本}{库存} = \frac{645\ 000}{10\ 500} = 61.4(倍)$$

只要公司内部创业者不会因为库存短缺而损失订单，该比率就显示了企业良好的周转情况。

杠杆比率

杠杆比率显示了在运营中信贷资本和权益资本的比率。两个常用的杠杆比率是负债率和利息保障倍数。

负债率

许多新的公司内部创业企业会举债融资。负债率帮助公司内部创业者评估公司履行债务义务的能力（短期和长期）。这同样是对风险的一个测度，因为债务同时包含了以利息和本金形式存在的义务。假定总负债是 249 700 美元，总资产是 308 450 美元，负债率的计算如下：

$$\frac{总负债}{总资产} = \frac{249\ 700}{308\ 450} = 81\%$$

该结果显示公司的总资产中有 81% 是负债。虽然在纸面上来看该数值可以接受，但仍需要同行业数据进行对比。

负债权益比率

该比率评估了公司的资本结构。其通过对债权人进行的投资

（债务）和投资者进行的投资（权益）进行比较，为债权人提供
了风险测度。债务的比例越高，对于债权人来说风险越高。沿用
上例的总负债，假定所有者权益为 58 750 美元，结果如下：

$$\frac{总负债}{所有者权益} = \frac{249\ 700}{58\ 750} = 4.25（倍）$$

结果显示该公司内部创业企业主要通过债务进行筹资。公司
内部创业者所有的权益仅为其负债的 1/4。权益为债权人提供了
一定的安全保障，同时由于公司具有良好的短期现金情况，这对
公司来说并不是严重的问题。

盈利能力比率

盈利能力比率衡量的是企业基于销售或投资获得同营收对比的
财务回报的能力，是对业务运营的评定指标。两个常用的盈利能力
比率是权益回报率（ROE）和销售回报率（return on sales）。

净利率

该指标反映了公司内部创业企业将销售转化为利润的能力。
也可以用毛利率代替净利率作为盈利能力的另一个测度。假定净
利润是 8 750 美元，净销售额是 995 000 美元，净利率计算如下：

$$\frac{净利润}{净销售额} = \frac{8\ 750}{995\ 000} = 0.88\%$$

虽然该净利率低于行业的水平，但对新成立的公司内部创业
企业来说不是大问题。许多新公司直到第二或第三年才产生利
润。在该例中，盈利情况在我们的预期之中。

投资回报率

投资回报率衡量新创企业管理其资产中投资资本的能力。如

果将公式分母中的总资产用权益代替，即可计算出权益回报率，衡量公司内部创业企业为股东创造回报的能力。假设该公司总资产是 200 400 美元，净利润是 8 750 美元，计算结果如下：

$$\frac{净利润}{总资产} = \frac{8\ 750}{200\ 400} = 4.4\%$$

该结果显示公司在第一年创造了利润并且提供了 4.4% 的投资回报率。这一结果同样需要与行业数据进行对比。

非财务因素

许多非财务因素也需要评估。这涉及对项目独特性的全面考量，如项目对产品线的贡献、其与公司能力产生的协同效应、开发周期、与备选方案所需的投资之间的比较、管理团队的能力、市场规模以及市场容纳更多产品和服务的可能性。

小　结

本章致力于讨论为创意和公司内部创业企业融资的问题，提供了关于风险投资产业的概览，展现了非金融机构公司的风险投资部门如何参与到公司内部创业活动的进程中。这种风险投资机构，通常为公司外部的创意和新创企业以及公司内部创意和一些正在进行的公司内部创业活动进行融资。

评估创意需考虑的一般因素包括：将创意和公司的目标及战略进行统一；以公司现有资源评估创意的技术可实现性；在公司的能力范围内是否有足够大和足够重要的市场；能够推动创意直

至收获的斗士和团队；创意产生充足营收和利润的能力，这种收益可以依靠其自身或通过促进公司其他部门提高收入、降低成本来实现。

创业项目投资的财务价值一般是通过该项目的预计财务报表和比率分析来确定的。

12

在你的组织中实施内部创业

组织应当怎样实施有价值的公司内部创业？应当如何合理评估结果？有哪些好的手段和基准能够用于评估？

强生公司

直到 19 世纪人们才发现，通常情况下感染是由于手术室空气中的细菌造成的。这个发现激励罗伯特·伍德·强生同他的兄弟爱德华·米德·强生合作研发，致力于实现治疗病人和处理伤口时的无菌缝合、换药和包扎。这个想法得到医生和医院的广泛认可，因为他们也在寻找减少病人在治疗中感染和死亡的方法。1886 年，强生公司在由旧壁纸厂改造而来的工厂中运转，有 14 名雇员。绷带制造工艺年复一年地得到改进。到 1910 年，公司步入快速发展期；1919 年加拿大分公司成立；1923 年，强生开始了全球扩张。

强生公司逐步进入医护相关领域，包括药品、卫生用品、纺织品等，到1968年销售额达到了7亿美元。与此同时，罗伯特·强生在20世纪前10年任CEO期间成为"社会热点人物"。他呼吁支持提高最低工资，同时强调商业在社会中扮演的重要角色。强生正式地外延了自身的准则和责任，表示它首先对自己的客户负责，其次是雇员，再次是社会，最后才是股东。

1966年，强生开始关注自身专业产品领域可能发生的萎靡，并开始寻找其他有利可图的替代品。詹姆斯·伯克是带领强生通往未来的市场经理，当时主要负责强生的电视和杂志渠道的市场宣传，比如在卫生巾上市时的宣传攻势。在12年之内，强生占据了女性卫生用品市场一半的份额。伯克同时通过降低成本使泰诺战胜了其他止痛剂。

1982年，强生和泰诺的消费者发生了安全事故：7人因为服用了含有氰化物的泰诺胶囊死亡。得到此消息之后，强生停止了所有广告宣传，并对产品全面下架，花费了数百万美元，当天股价下跌18%。当确认安全事故发生在零售环节而非制造环节后，公司进行了一场优秀的公关战，并且增加了两层防污染层来保护内含药物，至此泰诺胶囊总共有了三层防护层。

由于长时间致力于社会责任，强生顶住了美国国内关于医疗成本上升的批评压力。2009年，强生被认为是全美最受尊敬的公司之一。2010年其运营的业务包括：（1）药品（占营业收入的39%）；（2）专业服务（占营业收入的36%）；（3）客户服务（占营业收入的25%），一半的收入来自美国以外的地区。公司在51个国家拥有190个运营网点，并将产品销往全世界超过175个国家和地区。持续创新对于强生的执行官来说并不陌生，创新和公司内部创业是公司成功的因素之一，而且强生公司中各个层级的组织机构都富有公司内部创业精神。

杰夫·墨菲是强生的一位总监，聚焦于发现改进流程和进一步创新的方法。墨菲认为创新应当被视为有绝对优先权的商业活动，他运用若干准则来促进和鼓励公司内部创业：

- 鼓励跨部门的创新协作
- 将创新纳入绩效考核
- 公开认可和奖励创新
- 接受失败并将其视为学习机会
- 看重问题而不是需求
- 雇用有不同思维风格、经验、视角和专长的员工
- 落实创意管理体系
- 设立能够推动早期创意发展的种子基金

一种常规的推动创新和公司内部创业的方式是通过强生风险投资部门，即强生发展公司来完成。该领域汇集了许多医疗和技术领域的专家，他们聚焦于识别早期市场信号、挖掘医疗服务趋势以及发现战略投资机会。该公司更多地聚焦于寻找有利于公司长期发展的战略选择，而不是短期财务回报。强生发展公司与强生公司的发展目标相一致，在促进新的获利机会上扮演了关键角色。强生发展公司的目标是聚焦于新兴医疗服务领域产品或服务的投资，提供合适的基金，聚焦于与生命科学技术相关的医疗设备、消费者产品、诊断以及药物。

另一种促进和支持公司内部创业的方式则是雇员驱动，其代表是网站 jnjbtw.com。强生媒体关系部的雇员马克·蒙索在2007

年创建了该网站，旨在让员工非正式地对公司进行讨论。世界各地的员工均能参与其中，话题涉及新的推广创意、更正错误或者公司正在进行的工作及缘由。网站甚至就如何获取公司基金支持新创意和发明进行了讨论。

如果没有强生公司的公司内部创业结构和基金入口，一些创新便不可能发生，如：

- 1893 年，婴儿爽身粉的引入为强生带来了新的业务；
- 1889 年，引入原创的由富余的缝合丝制造的牙线；
- 1921 年，方便粘贴的急救带发布；
- 1928 年，安视优隐形眼镜发布；
- 1931 年，Ortho-Gynol 处方避孕凝胶发布；
- 20 世纪 60 年代，强生下属的 Cordis 公司发布冠状动脉支架。

强生下一个创新产品或服务是什么？基于其设置合理的融资结构，毫无疑问下一个颠覆性的产品将很快送到客户手中。

本章首先通过对不同公司已经在实施的内部创业模型的分析，讨论如何解决公司内部创业的实施问题，然后剖析一些正在运营中的详细案例，最后提供对标的方法和其结果的评估方式。

公司内部创业模式

公司内部创业是改善公司业绩的一种战略。当新流程或者新业务在公司原有组织领域中得以创造时，内部创业便出现了。外部公司创业投资包括在公司组织领域之外进行战略投资。合资公司内部创业风险投资是外部风险投资的一种，即公司与另外一家公司共同进行风险投资以创立新的新创企业，而两个母公司继续独立存在。

以下是关于公司内部创业的 5 种通用商业模式。

模式 1

根据安德鲁·坎贝尔的描述，模式 1 重点关注四种类型的公司内部创业：（1）生态型创业；（2）创新型创业；（3）收获型创业；（4）私募型创业。生态型创业致力于提升商业网络（客户、供应商、分销商以及经销商）的活力。其通过风险资本来支持特定商业领域的企业，以提升现有业务的受欢迎程度。最终通过在被投资公司的少数股东权益收获价值。

创新型创业的投资活动和创新活动，是将风险投资措施融入现有组织运作中，比如研发之中。该模式通过对在现有组织内创造价值进行奖励来激励创新活动。

收获型创业通过对公司多余的资源进行授权或出售资产来获取现金。通常，新的业务被用于充分利用过剩的资源。

公司型创业以私募股权基金的形式独立于公司运营并寻求财务回报。

模式 2

模式 2 识别了公司风险活动（CV）和商业战略（BS）之间 5 种类型的联系，来解释公司风险投资行为怎样能够战略性地给公司带来利益：（1）CV 和 BS 联系很微弱甚至没有联系；（2）BS 驱动 CV；（3）CV 驱动 BS；（4）CV 和 BS 相互独立；（5）将

CV 当做 BS。当一个新业务在公司现有领域内创造出来时可被视为内部 CV。第二种形式是外部 CV，这涉及在母公司的领域之外创造或者发展新业务。合资 CV 是第三种形式，指的是公司与另一个公司共同设立的外部 CV。

模式 3

模式 3 即加鲁德和范德·文针对公司内部创业的基于试错中学习的模型。该模型基于观察得出公司内部创业过程充满不确定性和模糊性。不确定性指的是方式和结果之间的关系信息不完全。通常的假设是：当结果是正面的时，公司内部创业者就会持续该计划；当结果是负面的时，他们便会停止行动或改变行动方式。但该模型认为当模糊性程度高并且相关资源可得时，就算可能产生负面结果，公司内部创业者也会坚持行动。

由于高度不确定性，创新型公司几乎不会对创业者在业务发展初期的失败进行惩罚。公司最好为试错过程提供支持，以使创业者基于对项目前景的判断做出决策。

模糊性指的是在追求某种结果时的信息不完全。当存在模糊性但有充足的资源可用时，创业者即使面对负面结果也会继续行动。

模式 4

公司的根基是其目前正在进行的商业活动，公司内部创业是为公司引入新的业务模型。

在公司运营的核心层面，从现有业务中产生利润的风险是很低的。当公司为了成长进行业务拓展时，有低至中等的风险。

当公司引进新产品或者进入新市场时，是对现有业务进行革新的核心风险活动，风险略微地从低升至中等。随着新颖程度的提升，风险随之提升。因此，非核心的风险活动象限承担最多的风险。

基于战略成对分析（strategic pair analysis）、商业活动和商业模型，从战略来看，商业活动应当保持其核心的创业能力以抵挡突然的变化。公司应聚焦于商业结构中的内部创业，而不是非核心的风险活动，这种做法是重要和切实可行的。

模式5

罗伯特·A.比格尔曼展示了主流多元化公司中公司内部风险活动（ICV）的过程模型。在这个用于ICV的模型中有三个主要元素：（1）识别和启动；（2）战略和结构背景；（3）管理活动。作为ICV的核心流程，识别和启动是制定流程的第一步。识别过程包含了概念化和风险行动前的阶段。更进一步，该模型涉及对ICV项目技术和经济特性的解释，以便于项目发展成萌芽期的商业组织。另一重点是关联过程，用于展示开发的构思同市场需求存在的联系。产品的开拓者将关联过程带向下一步，并将其推至启动阶段。

通过启动阶段便能够在组织内部获得支持，因为此时市场兴趣已经被激发出来，资源也被调动起来。在启动阶段，一个项目完成了从风险投资创意到商业实体的转变。新产品的商业化需要战略力量的支持，并同战略构建的努力进行结合。基于此，开发新业务既需要制定战略，也需要很好地执行战略。

ICV过程的第二个元素涉及战略情境和结构情境两种形态。

战略情境的决策是公司内部创业经理对游说公司管理者现有战略概念进行改变，以包容新创企业的政治流程。目标是通过展示公司内部创业活动与现有战略高度契合和能够带来战略效用，获取高层的支持。对业务的描述十分重要，能够帮助描绘出业务发展将带领公司进入的新领域。结构情境指的是公司经理对 ICV 过程施加控制所依赖的内部环境。

ICV 的第三个元素定位了中层管理者扮演的关键角色。该过程自下而上，管理人员必须培养支持者，并且保证新创企业战略需要的资源。负责公司内部创业活动的管理层必须善于将新的风险业务同公司战略建立起联系。

公司内部创业的典范

为了更好地了解公司内部创业在组织中的运行方式，下面对3M 公司、格莱珉银行（Grameen Bank）、施乐公司和谷歌公司的例子进行讨论。

3M 公司

创造性、冒险、创新以及创业精神是与 3M 公司高度契合的特质。3M 的产品无处不在，既有便利贴和砂纸等广为人知的产品，也有应用于医疗器械、狗粮和苹果手机的产品。实际上，市面上有超过 55 000 种 3M 公司的产品。公司不断改进现有产品并引入新产品的秘诀在于创新和公司内部创业文化。其部分文化特征如下所述：

- 15％规则。3M 给予研究人员 15％的自由时间以追求个人感兴趣的创意。雇员能用这些时间到其他实验室参观或者参加会议，进行研究和头脑风暴或者投身实验室。就像 3M 研发部负责人比尔·科因所说，15％规则"给了员工自由空间，如果你有一个好的想法，并且承诺将时间花在它上面，并迫不及待告知实验室经理，那么就去做吧"。

● 沟通。公司鼓励研究人员从自己实验室的外部获取建议。为了鼓励创意的流动和培养集体荣誉感，经理通过会议、研讨会、跨职能小组、计算机软件和数据库等半常规化的方法和形式，将大家聚在一起。

● 天才基金。该款项拨给由同僚或者研究项目认可的科学家，之前他们的创意也许因为无法同部门的业务规划匹配而难以获得资助。该款项最高可达 100 000 美元。

● 加速器。该系统旨在加速那些很可能赢得市场的项目。加速器项目的评判标准和特征是："在新的或现有市场中改变竞争基础；具有巨大的销售和盈利潜力，有着诱人的投资回报率；这些项目对 3M 的资源获取有优先权；在加速的期限下运营。"加速器项目被认为是 3M 公司激发高潜力项目的最高效的管理工具。

● 目标。3M 建立的一个公司目标是：营收的 30％要由过去 5 年内引入的新产品来提供。30％作为一个弹性目标激发出了整个公司的创造性。

3M 在公司内部创业上成功的最后一个因素是管理层对高风险的容忍和接受。公司将失败视为学习机会，鼓励个体对自己的想法进行证实或证伪。

格莱珉银行

公司内部创业的过程总是对资源极度需求，而且经常只求满足最基础的需求。苏菲亚·卡腾是孟加拉国乔布拉村的一个竹凳制作者，她长期处在高借贷利息的压力之下，并周期性地受制于借款方，借款方会强制她将凳子低价卖回给组织，这样她一天仅能赚取 2 美分，而在没有还款压力下她能赚取 1.25 美元。这是乔布拉村的一个常见现象，加剧了当地的贫困。这一情况在 1974年得到了经济学教授穆罕默德·尤努斯的关注。

进一步的研究发现，同卡腾一样深陷类似困境的 47 个当地创业者如果能够摆脱高利率借贷，便能够赚取高得多的利润。尤努斯发现这些创业者平均仅需要 27 美元便能还清借款，于是他创建了由非正式的投资者组成的组织，来提供合理利率的贷款。所有 47 笔借款都得到了偿付，同时创业者也能够获得更高的利润率以摆脱贫困。这是总部位于孟加拉国的格莱珉银行的初创历程，同时也开创了微型融资和信贷产业。

穆罕默德·尤努斯是 2006 年诺贝尔和平奖获得者，其创办的格莱珉银行在 1983 年得到了政府的官方认可。他的受众是最贫困的家庭，并帮助创业者发挥获取财富的潜能，而不是向已经有了财富积累的人群放贷。这使得穷困潦倒的家庭和落后国家能够实现更高的生活水平。金钱资源是如此的珍贵，它是欣欣向荣的创业活动的杠杆。

格莱珉银行在实践中运用的信贷业务模型融合了经济和社会目标。它聚焦于在最贫困的地区尤其是针对乡村地区的女性提供贷款以培养创业者。尤努斯和格莱珉银行相信以合理的负担得起的利率获取贷款是基本的权利，应当对最需要的人开放。贷款以小额发放并配合周度还款计划。他们通过征信系统而不是官方文件来保障贷款的偿还，贷款人遇到财务困难可以申请延期。贷款方需以 5 人组成创业小组，这样组内成员能在财务行为和社会价值上互相扶持。同常规的贷款不同，这些贷款只收取单利而不是复利，超出成本的利润将放回银行用以促进当地发展，比如资助乡村儿童和女性的教育、为营养不良人群提供乳制品，以及利用信息技术帮助落后地区跨过鸿沟融入现代社会。在这种活动中，微贷款项目要求投资者愿意获取大的社会回报，及相对应的较低资金回报。尤努斯和格莱珉银行吸引了达能、英特尔和巴斯夫等大型国际公司，以及挪威、瑞典、德国等国的非政府组织来为贷款提供资金，以支持落后地区的创业活动。

微贷项目取得了惊人的成功。99％的贷款得到偿还，58％的借款家庭摆脱了贫困。格莱珉银行自从对超过 660 万人（其中 97％是女性）开放以来，一共发放了 57 亿美元贷款。银行目前有 2 226 个网点，覆盖超过 71 000 个村庄。正像研究结果显示的那样，这些创业者在获取了必需的资源后，爆发出了巨大潜能。

2010 年 12 月，尤努斯和格莱珉银行因为将价值 1 亿美元的救助基金放入了名为格莱珉-卡延的分支机构，而受到了挪威政府和孟加拉国总理谢赫·哈西娜的仔细审查。虽然该举动被解释为帮助捐款避税，但是事情的来龙去脉并不透明。这给格莱珉银行和尤努斯的微贷业务带来了负面影响，也导致了一些预料之外的极其危险的结果，在社会压力之下违约群体中的自杀率有所提升。

尽管最近暴露出了一些问题，微贷业务的目标仍然是为经济最落后的地区，在最基础的层面上增强创业行为。这反过来改善了整个国家的财富状况，提升了女性的受教育程度和商业经验，并最终提升家庭和个人的生活水平。推动创业行为帮助个体获得把握人生的权利，促进独立，满足偏远地区市场的利基需求，帮助人们过上更好的生活。

施乐

施乐的历史可以追溯至 1906 年，从当时致力于制造和销售相纸的 Haloid 公司成立发端。经过在市场中享受数十年的创新红利后，施乐的竞争优势不再显著，公司在 2001 年面临 2.73 亿美元的亏损。结果是当时的首席运营官安妮·马尔卡希被任命为新的首席执行官，并赋予了施乐竞争热情重返市场。对新科技公司的收购和走进客户融入了施乐的公司战略，并为施乐带来了竞争优势。施乐保持创新力的另一个方法是其更新后的研发计划。

收购在施乐的公司内部创业模型中扮演了重要角色。该战略给了施乐接触新客户和新科技的机会。比如，施乐花费 12 亿美元收购了办公用品分销商 Global Imaging。通过这笔交易，施乐新增了超过 20 万客户。2010 年初，施乐收购了 Affiliate Computer Service Inc.（ACS），这使施乐接触到了新的业务和政府客户，同时也获得了与商业外包流程相关的技术和信息技术服务能力。2010 年 11 月，施乐收购了泊车管理软件供应商 Spur Information Solutions。

施乐的研发项目长久以来就是公司增长的引擎。研发对于公司的长远发展十分重要，当面临巨额债务濒临破产时，马尔卡希和厄休拉·伯恩斯（当时的 COO 和现在的 CEO）砍掉其他费用以保全研发。施乐研发的年度预算约为 15 亿美元。施乐创新团队由四个研究机构组成：加拿大多伦多分部负责材料；法国格勒诺布尔分部负责智能文档业务；纽约州罗切斯特分部研究次世代系统；广为人知的帕洛阿尔托研究中心（PARC）则坐落在加州斯坦福大学旁边。帕洛阿尔托研究中心有三项职责，第一项涉及培育和推动创造性，来形成创意的探索者角色；第二项是孵化器，创意将在实验室中进行分析以确定其是否值得公司进一步投资并投放市场，这是体现公司内部创业精神的本质角色；第三项职责是合伙人角色，业务集团的工程师将创意转化为实际的服务或产品。

PARC 在施乐的成功创新中扮演了重要角色，据估计，施乐 95％的产品创新可以归功于 PARC。PARC 的研究人员发明了个人电脑、激光打印以及以太网。一些研究人员被看做是"工作实务专家"，他们观察日常生活中业务的运营，并记录下能够提升效率或者引入新科技的地方。兼容并包的集体中包括了科学家、工程师、人类学家、物理学家、艺术家和心理学家。6S 原则指导着施乐研发的运作：更简洁（simpler）、更快（speedier）、更小（smaller）、更智能（smarter）、更安全（more secure）和社会责任（social responsible）。

施乐鼓励面对面的交流。施乐坚定地认为创新活动同创造性思维内在环境存在紧密联系，这种信念融于公司内部文化，公司相信最好的创意和战略不是自上而下而是由内到外地产生。这种文化鼓励创造性思维，鼓励雇员思考创意如何同公司价值相互契合，思考对公司的忠诚和长期的愿景。

谷歌

谷歌是公司参与内部创业的典范。谷歌有着投资初创公司的传统。2009 年 3 月，在经济衰退的背景下，谷歌宣布成立 1 亿美元的风险资本，主要投资于杰出的互联网用户软件、生物科技以及医疗健康领域的初创企业。公司同时在其他领域投入了数百万美元，包括无人驾驶汽车、风力发电机以及登月机器人。谷歌经常投资于那些看起来与公司的核心竞争力关系不紧密的领域，以实现在快速变化的外部环境中创新。

谷歌的公司内部创业精神根植于创新，谷歌运用几种重要的途径来培育最适宜创新的环境：

● 文化。谷歌不遗余力地寻找与公司文化最匹配的人，对最有能力和提供最佳创意的人进行奖励。冒险、创造力和创新性是帮助员工适应谷歌的特质。公司的空间布局也旨在促进员工之间的交流。谷歌每周五举行聚会，所有的员工通过喝啤酒相识，并且鼓励敞开心扉。

● 创新时间预算。公司鼓励技术人员将 20％ 的时间花在自行选择的独立项目上。甚至是经理也有配给的时间来投入到特殊的创新项目中。经理将他们 70％ 的时间花在核心业务上，20％ 的时间花在相关但不同的项目上，余下 10％ 的时间花在新业务和创意上。

● 量化流程。项目在获得审批之前会进行建模、试运行，并在带控制组的实验中进行测试。创意变成获授权项目所需的时间不会很长。

● 众包。谷歌让用户从其产品线中挑出优胜者。公司的策略是挖掘出最好的那一个并重点发展。

- 冒险、失败和混乱。为了引入创新产品，谷歌鼓励冒险。公司对于失败和混乱有较高的容忍，公司希望员工能够从失败中快速学习，并向着开发下一个创新产品迈进。

谷歌公司战略的基础是创新、激情和冒险。谷歌作为公司内部创业的典范当之无愧。

执行和评估公司内部创业项目

对公司内部创业项目的执行和对结果的评估因公司而异，很大程度上取决于公司的目标。其中的主要议题包括：确定最适合的公司内部创业模式；保证整个组织给予公司内部创业项目至少三年的支持；克服组织中内部创业的障碍；识别公司内部创业者；开发合适的奖励计划。

执行

正如本章提及的例子和案例中所显示的，有许多方式来执行和运营公司内部创业规划。下面展示了一个通过微调可以适应不同组织特定目标的通用方法：

- 同管理团队中的关键成员一起确立项目的愿景和目标。
- 开发将要提交的提案，建立评价指标，确认可得的资金投入。
- 选择评估委员会的成员。
- 在提案提交截止日期的四到六周之前宣布项目的启动。
- 选择最优提案。

- 构建新创企业团队。
- 常规性地在公司内就项目的成果和信息进行沟通。
- 营造公司内部创业活动的氛围，落实内部创业活动。

愿景陈述

流程的第一步是 CEO 和管理层的关键成员确定项目的愿景（任务）。避免错误观念极度关键，如不需要详细规划便能够达成目标的想法。表 12－1 展示了一些不同的公司愿景陈述。在这些愿景陈述中有一些共通的元素，比如聚焦客户、提供高质量的产品或服务、强调雇员的重要性、进行创新活动以及道德和社会责任。

表 12－1   部分公司的愿景陈述

公司	愿景陈述
3M 公司	创新
	"不能毁掉任一新产品创意"
	绝对正直
	尊重个体原创和发展
	接受诚实的错误；产品质量和可靠性
美国运通	尊崇客户服务
	世界级的可信赖服务
	鼓励个体创新
福特	人是力量的源泉
	产品是"努力的最终呈现"（我们关注我们生产的汽车）
	利润是成功的必要的衡量指标
	诚实和正直是最基本的要求
通用电气	通过科技和创新来提升生命的质量
	对客户、员工、社会和股东责任的内部平衡（没有明显主次之分）
	个体责任和机遇
	诚实和正直

续前表

默克制药	"我们的业务是保证和促进人类的生活，我们所有的行动都要以该目标来衡量"
	诚实和正直
	公司社会责任
	基于科学的创新，而不是模仿
	在各方面都追求卓越
	从工作中获取有益于人类的利润
诺德斯特龙	为客户服务至高无上
	努力工作和高产出
	持续进步，永无止境
	追求卓越声誉，成就不凡
宝洁	卓越产品
	持续自我提升
	诚实和公平
	尊重和关怀个体
沃尔玛	"我们存在的意义在于为客户服务"——为客户提供更实惠和更多的选择以提升他们的生活品质，其他都是次要的
	逆流而上，超越一般智慧
	与员工保持伙伴关系
	充满激情、忠于承诺和热情工作
	精益执行
	追求至高目标

项目的元素

当公司内部创业项目的愿景确定时，需要提供一些可支持的内部创业想法的案例。理想情况下，这些案例会涵盖递交的提案需要考虑的各个方面，并确保必要的元素包含在内。通过设立标杆，能够显著提升公司内部创业提案获得投资的概率。同时，提案的评定标准和基金的规模也要得到确定。

评估委员会

应当及时设立评估提案的委员会。该委员会需要包括各个重要的职能部门成员，同时需要通过职位上的差别来反映成员层级上的多样性。但 CEO 或者部门负责人不应该参与评估委员会，因为成为委员会的一员会削弱 CEO 或部门负责人领导整个项目的能力。

项目宣布

下一步是在提案提交截止日期前的四到六周在公司宣布该项目。公告应该包括提案必需的一些案例和元素、能够获取的资金、评估标准以及评估委员会的成员。对提案的宣布必须来自公司高层，即 CEO 或者部门负责人。同时应当包含积极的信息，以激励所有员工参与其中。这种支持会显著提升参与度以及提交的提案数目。

提案选择

在公布胜出提案的同时，应给竞争失败的申请者反馈，说明其提案失败的原因，并鼓励其在下一轮征集时踊跃参与。选择的过程应该完全透明，以营造利于公司内部创业活动的环境。

新创企业团队的构建

需要的话，获胜提案的申请者应当在选择新创企业团队的过程中获得帮助。尽管能够获得帮助，公司内部创业者应当做出最后的抉择，并且一一征询其认为适合的备选人员的意见。应当重视备选人员的确认过程，因为常常有一些被优先选择但不希望参与到项目中的人员。非常重要的一点是保证没有员工被强迫参与其中，因为这种情况会使公司经历困境。

就结果进行沟通

为了使内部创业过程融入公司文化，应当在全公司定期通告得到资助的新创企业活动的相关信息。发布公司内部简讯或者群发邮件是两种可行的方法。CEO和部门负责人应当通过同样的渠道，定期表达他们对项目的支持，并祝贺取得的成功。

执行规划

第二次提案公示日应在提案提交截止日前四周进行，理想情况下应当同第一轮获胜提案公示的选择结果相符。这能够提升项目的接受度，并能够将其变成公司的常规活动和公司文化的一部分。本书的作者之一运用此方法在大中型公司成功地执行了公司内部创业项目。需要注意的是，实际中公司内部创业项目会因公司之间愿景和目标上的差异大相径庭。

公司内部创业项目的效用

下面将从公司和对员工两个层面讨论创立和施行公司内部创业项目的效用。

对公司的效用

内部创业对于公司最主要的效用如下所示。其中最重要的是通过建立新的公司文化来增强员工的工作热情。员工将成为工作的主人，并愿意用最好、最高效的方法来工作。新的文化会让员工觉得工作能够带来快乐。

内部创业对公司的效用

- 建立新的文化，培养高涨的士气；
- 减少员工流失；
- 激发人力资源；
- 提出新的业务构想；
- 创造新的工作方式；
- 打造更灵活的组织结构；
- 创建组织学习氛围；
- 对营收和利润产生积极影响。

员工对工作的热爱会降低离职率。鉴于招聘、雇用、培训新员工的高昂成本，高的员工留存率可以为公司带来显著的节约，同时留住经过训练的有经验的员工。

对员工的激励能够保证公司的正常运行。你能想象一个经验丰富的、受到充分激励的团队的产出和绩效吗？这些被高度激励的员工能够带来营收的增长、开销的缩减和利润的增长。

公司内部创业提供新的业务概念，包括新产品或服务、更好的系统以及新的工作方式。当员工得到鼓励去尝试新的方式以提高工作绩效时，这些新的工作方式将会成为标准。失败不会受到惩罚，尝试将得到鼓励。

公司会变成更灵活的组织。在这里将没有领地保护，能够很容易地组成团队将项目从初始阶段推进至最终阶段。新的产品或服务将带来新客户，现有客户将更加满意。

当灵活性和创新不断出现时，组织学习将成为公司运营的一部分。学习将使员工具备完成多重工作的能力，提升自己的专长，同时增加公司的生产力。

所有这些效用都将带来营收和利润的提升。新产品或服务、新的顾客，以及更加高效的运营方法能够减少运营成本，增加营收和利润。

对员工的效用

公司内部创业对于员工的效用如下所示。在灵活的组织结构和公司内部创业文化下，员工会感受到自我实现。自我成就的体验反过来会提升忠诚度、效率和绩效。

公司内部创业对员工的效用

- 感受自我实现；
- 带来更多的工作成就感；
- 增进技能；
- 获得财务和非财务回报；
- 对工作饱含热情；
- 有能力进行创造。

公司内部创业通常会提升员工的工作满足感。在允许试错和尝试的文化下，员工主动地以最优的方式来完成自己的工作，同时对工作充满热情。这也许是公司内部创业对于员工的最大利益。员工对工作和公司感到满意时，会尽己所能地为公司的发展和繁荣做出贡献。

在学习型组织中，员工也能获得技能的提升。员工在技能得到提升后，会更加自信，同时能够更好地、更高效地表现。

给予参与的员工以财务和非财务的回报，使基于绩效的金钱和非金钱奖励成为常态。成功的行动会得到通告、奖励、在组织中宣传。允许试错的文化使员工以更加有创造力和更开放的方式来工作，创造性地开发新的流程、产品和服务。

评估结果

施行内部创业的公司需要建立一套系统来评估结果。本书的作者之一建立了两套通用评判流程：对结果的对标和测量。

对标

为了理解公司内部创业对于整体公司文化的影响，应当在项目开始前进行对标，往后的两年中每半年一次，从第三年开始一年一次。表 12-2 展示了一个优秀的对标工具。该表包含了若干组字段，每个参与项目的个体将在这些项目上按 1～7 进行评分。作者试验了多种评分方式，比如 1～5 分和 1～9 分。因为人有规避极端的本能，1～5 分的评分方式不能使数据充分分布，1～9分的评分方式则会导致评分标准上的困惑。1～7 分的评分方式提供了一个中点 4 分，在中点上变量没有任何倾向。

表 12 - 2　　　　　　　　　文化价值取向和规范对标

传统组织文化	→	公司内部创业文化	打分
碎片化	→	整体性	
指令	→	愿景	
控制	→	行动的自由	
讨厌工作	→	热爱工作	1~7 分
没有责任心	→	有责任心	
未激活的	→	有热情和上进的	
限定的界限	→	少有障碍	
限制个体发展	→	利于个体发展	

表 12 - 2 展示了一些常规的变量组，用于衡量公司风险项目的影响。包括如下的一些对标指标：指令➜愿景；讨厌工作➜热爱工作；限制个体发展➜利于个体发展等。这些变量中的全部或者特定组合能够用来衡量公司文化的变化。发布和施行公司内部创业项目会带来公司从传统组织文化向创业文化的转变。每年应当对变化进行两次评估，其效果将在两年内显现出来。

产出测量

除了改变公司文化，公司内部创业项目同时会影响日常运营。如下的 6 个测量在最初两年应当进行一年两次的考察，从第三年开始一年一次：

- 成本削减成果（金额）；
- 营收增加成果（金额）；
- 员工流失（数量和比例）；
- 客户流失（数量和比例）；
- 过去 5 年引入的新产品和服务占据的销售份额；
- 过去 3 年新增的消费者占据的销售份额。

公司内部创业项目如果运营得好会带来成本削减、营收上升、更低的员工流失率、更低的客户流失率、过去5年引入的新产品和服务会占据更高的销售份额、过去3年新增的消费者会占据更多的销售份额。

这些效用将在项目的第二年开始显现。本书作者曾经工作过的一些公司在第一年便实现了部分积极的成果。

小　结

本章聚焦于施行公司内部创业项目。接着介绍了5个通用的内部创业模式，对一些公司的案例进行了详细探讨。提出了一个执行流程，该流程经过针对性的调整，能够适应所有渴望施行内部创业项目的公司。随后讨论了内部创业对公司和员工的效用，最后讨论了一个有代表性的对标工具，和对结果的6个测量方法。这些工具和测量应当在公司内部创业项目开始之前就告知相关人员，并在之后加以运用。

图书在版编目（CIP）数据

公司内部创业/罗伯特·希斯里奇，克劳丁·卡尼著；董正英译．—北京：中国人民大学出版社，2018.1
ISBN 978-7-300-25053-3

Ⅰ.①公… Ⅱ.①罗… ②克… ③董… Ⅲ.①企业管理-研究 Ⅳ.①F272

中国版本图书馆 CIP 数据核字（2017）第 254691 号

公司内部创业

罗伯特·希斯里奇

克劳丁·卡尼 著

董正英 译

Gongsi Neibu Chuangye

出版发行	中国人民大学出版社			
社　址	北京中关村大街 31 号		**邮政编码**	100080
电　话	010 – 62511242（总编室）		010 – 62511770（质管部）	
	010 – 82501766（邮购部）		010 – 62514148（门市部）	
	010 – 62515195（发行公司）		010 – 62515275（盗版举报）	
网　址	http://www.crup.com.cn			
	http://www.ttrnet.com（人大教研网）			
经　销	新华书店			
印　刷	北京联兴盛业印刷股份有限公司			
规　格	148mm×210mm　32 开本	**版　次**	2018 年 1 月第 1 版	
印　张	8.875 插页 2	**印　次**	2018 年 1 月第 1 次印刷	
字　数	190 000	**定　价**	49.00 元	